流璃 著

苏东坡传

人生如逆旅，我亦是行人

光明日报出版社

图书在版编目（CIP）数据

苏东坡传 : 人生如逆旅，我亦是行人 / 碧琉璃著.

北京 : 光明日报出版社，2025. 3. -- ISBN 978-7-5194-8508-5

Ⅰ. K825.6

中国国家版本馆CIP数据核字第2025W5M190号

苏东坡传：人生如逆旅，我亦是行人

SUDONGPO ZHUAN: REN SHENG RU NILÜ,
WO YI SHI XING REN

著　　者 : 碧琉璃			
责任编辑 : 王　娟		责任校对 : 孙　展	
特约编辑 : 胡　峰　何江铭		责任印制 : 曹　净	
封面设计 : 李果果			

出版发行 : 光明日报出版社

地　　址 : 北京市西城区永安路 106 号，100050

电　　话 : 010-63169890（咨询），010-63131930（邮购）

传　　真 : 010-63131930

网　　址 : http://book.gmw.cn

E - mail : gmrbcbs@gmw.cn

法律顾问 : 北京市兰台律师事务所龚柳方律师

印　　刷 : 天津鑫旭阳印刷有限公司

装　　订 : 天津鑫旭阳印刷有限公司

本书如有破损、缺页、装订错误，请与本社联系调换，电话 : 010-63131930

开　　本 : 146mm×210mm　　　　　　印　　张 : 7.5

字　　数 : 163 千字

版　　次 : 2025 年 3 月第 1 版

印　　次 : 2025 年 3 月第 1 次印刷

书　　号 : ISBN 978-7-5194-8508-5

定　　价 : 49.80 元

目录

i

第二章

人生到处知何似，应似飞鸿踏雪泥

第四章

归去，
也无风雨也无晴

第五章

人生如逆旅，
我亦是行人

少年负壮气，奋烈自有时

少年应有鸿鹄志，当骑骏马踏平川。青春总是伴随着梦想一起成长，天空海阔，一苇以航，不畏艰险，勇往直前。

年少出眉山

青山尽染，碧溪横波。一白衣少年，轻摇羽扇，坐观父亲和弟弟下棋，谈笑间轻舟已过万重山。

这是他第一次离开家乡眉山，远赴京师参加科考，心湖自然情不自禁地随着绿水轻歌荡起层层涟漪。他把目光移向远处那巍然屹立、高耸入云的群山，希望有一天也能会当凌绝顶，一览众山小。

如此豪放自信、意气风发的少年不是别人，正是北宋第一才子苏轼，即苏东坡。

大宋才子千千万，为何苏轼能成为一代宗师？他宦海沉浮几十载，为何总能苦中味甜，活成妥妥的乐天派？这，还要从他的祖上说起。

苏姓是大姓，始祖乃西周时期一位相当了不起的大人物——忿生。

忿生是颛顼高阳氏的后裔，西周开国的大功臣，与周公、召公齐名。武王十分赏识忿生，赐他12邑的封地苏，因此忿生以苏为姓，成为苏姓的第一人。

苏忿生不仅骁勇善战，还很有管理能力。武王曾授予他司寇一职，命他掌管刑罚和牢狱。他铁面无私，明察秋毫，无论大小案件都能秉公处理，被后世称为"狱神"。

渐渐地，苏氏家族人丁兴旺，苏家人遍布黄河两岸，最有名的子孙有锥刺股的纵横家苏秦，汉武帝时的大英雄苏建，北海边持节牧羊的外交官苏武。而苏轼的祖上则是武则天时期的大才子苏味道。

苏味道的老家不在眉山，在赵州栾城（今河北省石家庄市栾城区）。他8岁就能写诗作文，18岁与同乡才子李峤合称为"苏李"，21岁进士及第，年纪轻轻就成了吏部公务员的备选人。但苏味道的仕途并不一马平川，而是像坐了过山车一样大起大落，三次拜相又三次被贬。

公元705年的上元佳节，京城上下张灯结彩，异常热闹，众文人争相写诗相贺，而苏味道的《正月十五夜》则是其中的顶尖佳作之一。

火树银花合，星桥铁锁开。

暗尘随马去，明月逐人来。

游伎皆秾李，行歌尽落梅。

金吾不禁夜，玉漏莫相催。

这首诗既写出了元宵灯节的热闹非凡，又勾勒出盛世大唐的锦绣画卷，对仗工整，风格清雅，是初唐五律的杰作。然而万万没想到，这么好的一首诗竟然彻底毁了他的前程。有人举报这诗是苏味道为讨好张易之、张昌宗兄弟而作，武则天龙颜大怒，一挥袖把他贬到了眉州做刺史。

几个月后，武则天又回心转意，任他为益州大都督府长史，只可惜年过半百的苏味道再也禁不起大起大落的折腾了，还没等出发就在眉州一病不起，不久与世长辞，终年57岁。

苏味道是个胆小鬼，据《卢氏杂记》记载，他做了宰相后总怕说错话站错队，一直谨小慎微。当有人问他："天下方今之事这么多而复杂，相公如何协调治理？"只见苏味道用手反复摸着床棱，却并不作答，让对方莫名其妙。《唐语林》也有类似的记载，苏味道曾对别人说："处理事情不能做明确的决断，因为如果发生了错误，就要负责任，任何事只要保持模棱两可就行了。"

从此，苏味道在朝中被官员们戏称为"苏模棱"，大家对其做法不敢苟同。后晋刘昫在《旧唐书》中称："苏、李文学，一代之雄。有惭辅弼，称之岂同。"

苏味道有四个儿子，老大、老三都当了官，只有老二苏份没有功名，反倒在眉山娶妻生子，让苏家从外来户变成了坐地户。

苏份为什么要定居在这里，而不去考取功名呢？

眉州位于四川盆地的西南部，岷江的中游，是青衣神（司蚕桑之神）蚕丛氏的家乡。这里物华天宝，人杰地灵，山清水秀，民风淳朴，还有一个最大的特点，就是当地人淡泊名利，不爱做官。自五代以来，眉州人就很少参加科举，更愿意在田间干活，在天府之国这个大大的聚宝盆里喂马劈柴，只关心粮食和天气，面朝绿水，春暖花开。

苏份的志向和父亲、兄弟不同，他不喜欢做官，讨厌尔虞我诈的官斗，更瞧不起阿谀奉承的表演，有空就喜欢游山玩水，在大自然中逍遥自在。当家人劝苏份考取功名时，他却笑着摇了摇头："家里已有三个兄弟做官了，也不差我一个。我就在眉山开辟几亩薄田，种些瓜果蔬菜，你们有空就回来尝尝鲜，咱们一起喝酒聊天，这样不好吗？"

在很多人眼中，苏份是苏味道最不争气的儿子，但也是最有福气、最为明智的儿子。但正是因为他留在眉山，苏家的血脉和眉州的山水相互融合，才会在300多年后让苏家接连涌现出三个奇才。

在眉山有这样一个传说："眉山出三苏，草木为之枯。"

据说苏轼出生的那一年，眉山有一座原本郁郁葱葱的大山，突然间树木枯败，几十年都是荒芜一片，难见新绿。直到苏轼去世之后，这座山才重新焕发生机。人们都说，苏轼是汲取天地之精华、眉山之灵气的谪仙才子，所以才会让大山的草木枯竭败落的。

虽然这只是一个传说，但是苏轼的才华的确古今无双，而三苏的名气也位于"唐宋八大家"之列，彪炳史册。

1037年元日临近，眉山小镇一片热闹，家家户户打扫庭院，杀猪宰羊，忙着将"新桃换旧符"。岷江也唱着欢快的小调，等待着新春第一缕清风的来访。

这一天正值腊月十九，那位在《三字经》中留下"苏老泉，二十七，始发愤，读书籍"佳话的苏洵立在堂中，对着当年用玉镯换来的青城山张仙师的画像，虔诚地焚香祷告，祈求仙师再赐他一子，让苏家门丁兴旺、儿孙满堂。

苏洵的夫人程氏曾先后产下二女，但长女未满周岁就夭亡，让苏洵痛心不已。而今，程氏又将临盆，不知是弄璋还是弄瓦。苏洵正在祈祷之时，忽听家人跑来报喜："恭喜老爷，贺喜老爷，夫人生了个公子，您快去看看吧！"

看着襁褓里的婴孩那黑亮的眼睛如寒星闪烁，苏洵一时语塞，老泪纵横。而程氏看着一脸喜悦的夫君，又摸了摸婴儿白嫩可爱的脸蛋，也笑出了两股清泉。

三年后，程氏又生一个男孩。在取名字时，苏洵煞费苦心，因为两个儿子性情迥异，一个锋芒毕露，一个稳重寡言。后来苏洵在《名二子说》中，详细记述了苏轼、苏辙名字的由来。

> 轮、辐、盖、轸，皆有职乎车，而轼独若无所为者。虽然，去轼则吾未见其为完车也。轼乎，吾惧汝之不外饰也。
>
> 天下之车，莫不由辙，而言车之功者，辙不与焉。虽然，车仆马毙而患亦不及辙。是辙也，善处乎祸福之间也。辙乎，吾知免矣。

"轼"是车前扶手的横木，虽然位居前列，但既不醒目，也无大用，却又不可或缺。苏洵给长子取名苏轼，字子瞻，希望他做人低调谦虚，高瞻远瞩。

车子只要行驶，无论前进还是后退，必有车辙印。但车辙又与功过得失无关，可以在福祸之间保全自己，所以，苏洵给小儿子起名苏辙，字子由，希望他能仕途畅达，前程似锦，一生平安。

苏轼天资聪慧，父母对他期望很高，于是严加管教，悉心培养，希望他能奋发读书，将来考取个一官半职，为苏家光耀门楣。

苏轼6岁时入私塾，8岁拜道士张易简为师，他曾在《众妙堂记》中说："眉山道士张易简教小学，常百人，予幼时亦与焉，居天庆观北极院，予盖从之三年。"

张易简虽是一名道士，但博古通今，擅长书画，在蜀地颇有声望，不少人慕名而来。苏轼天赋异禀，勤学好问，深受老师赏识，很快就成了张道士的得意弟子。

这一天，京城来了一个朋友，和张道士谈及诗人石介作的一首《庆历圣德颂》，诗中提到了韩琦、富弼、范仲淹等当代名士。小苏轼虽不懂时事，但对他们的谈论颇感兴趣，于是歪着小脑袋问张道士："恩师，请问诗里说的这些都是什么人啊？"

张道士故意不告诉他："你乳臭未干，问这些有何用？"

苏轼认真反问："难道他们都是天上的神仙吗？所以你才不肯告诉我！如果不是，又有什么不能说的呢？"

张道士和朋友相视一笑，指着苏轼说："孺子可教也，告诉你也无妨！这些都是当今的风云人物，不仅才华横溢，而且在朝堂上有很高的威望。此乃大宋之英才也！"

苏轼认真地聆听着，眼睛里闪烁着敬慕的光芒，韩琦等人的名字也在他幼小的心灵里扎了根。

庆历六年（1046年），苏洵效仿青莲居士李白，再次离家出外游学，经峨眉山，从夔州巫峡顺流而下到荆渚（荆州），准备前往京师求官。

苏洵走后，程氏则把10岁的小苏轼接回家中亲自教育。她乃名门之后，秀外慧中，深明大义，苏轼长大后能成大器，其母功不可没。《宋史·苏轼列传》中记载着这样一个故事：

程氏教读《后汉书·范滂传》，当读到范滂与母诀别之处时，苏轼母子二人都感慨万分。

范滂乃忠义之士，敦厚质朴，清廉正直，敢于弹劾权贵，反贪治腐，得罪了不少官员，无奈陷于党锢之祸，遭人诬陷，最后从容就义，死时年仅33岁。范滂曾在临死前告诫儿子：我想使你为恶，则恶不可为；使你为善，则我不为恶。

世道混乱，黑白不分，让范滂这样的贤臣饮恨而终，悲哉悲哉！苏轼读后气得双手握紧了拳头，突然站起来问程氏："娘亲，如果轼儿长大了想要做范滂，您会答应吗？"程氏看着苏轼认真的眼神，凛然地答道："你能做范滂，我难道就不能做范母吗？"苏轼对着母亲深施一礼："娘亲放心，轼儿长大一定要做范滂这样的忠臣义士，死而无憾！"程氏脸色微变，但瞬间又露出惊喜的笑容。

母亲对苏轼的影响不仅在读书，还在志向，在品行。

苏轼小时，家中有一片很大的花园，里面种满了各类花草树木，许多鸟儿在枝头唱歌、筑巢，热闹非凡。苏轼个子虽小，却喜欢踮起脚站在树下观瞧，有几次还试着爬树去一探究竟，幸亏被家人及时发现。

爬树危险，掏鸟窝也不符合礼教。程氏怕小孩子淘气惹祸，就立下"所有人都不允许捕鸟"等家规，违反者给予重罚。苏轼虽然顽皮，但是不敢违反家规，只好眼睁睁看着树上的鸟儿。

宫崎骏在《龙猫》中说："如果把童年再放映一遍，我们一定会先大笑，然后放声大哭，最后挂着泪，微笑着睡去。"

童年是很多人一生中最美好浪漫的回忆。苏轼也是这样，在那里，有春风花草香，有黄鹂鸣翠柳，也有风吹草低见牛羊。

《书晁说之〈考牧图〉后》：

我昔在田间，但知羊与牛。

川平牛背稳，如驾百斛舟。

舟行无人岸自移，我卧读书牛不知。

前有百尾羊，听我鞭声如鼓鼙。

我鞭不妄发，视其后者而鞭之。

泽中草木长，草长病牛羊。

寻山跨坑谷，腾趠筋骨强。

烟蓑雨笠长林下，老去而今空见画。

世间马耳射东风，悔不长作多牛翁。

一首老歌唱道："走在乡间的小路上，暮归的老牛是我同伴，蓝天配朵夕阳在胸膛，缤纷的云彩是晚霞的衣裳……"900多年前，苏轼就是这样一个快乐的孩子，他坐在牛背上，吹着欢快的口哨，赶着洁白的羊群，慢慢地走在乡间的小路上。风，轻悄悄的；草，软绵绵的。

长大后的苏轼没有做一名驰骋沙场的将军，而是成为一代文坛巨匠，有不少学子慕名而来，济州巨野（今属山东）的年轻后生晁补之兄弟便身在其列。

晁说之是晁补之的弟弟，原本是司马光门下的弟子，后来考中进士，师从曾巩。苏轼东山再起后怜惜其才华，称其"文章典丽，可备著述"，曾向朝廷举荐。晁说之擅长书画，与苏轼成了志同道合的好友后，有一天，他画了一幅《考牧图》，让苏轼赞不绝口，浮想联翩。

此时的苏轼虽然离开黄州，官复原职回到京城，但经过这些年的磨难，看淡了名利场，萌生归田园居的想法。看着晁说之画中的牛羊，他不禁想起自己无忧无虑、自由自在乐逍遥的童年时光，想起一生志做放牛翁的心愿。

"马耳射东风"源于李白《答王十二寒夜独酌有怀》中的"世人闻此皆掉头，有如东风射马耳"，意思是对他人的劝告充耳不闻，全当耳边风。苏轼也后悔自己没有像祖辈一样躬耕田园，一辈子不出仕。

春风得意
马蹄疾

"烟销日出不见人，欸乃一声山水绿。"夕阳如歌，山水似画，摇橹声从碧波中荡漾开来，苏轼的心也随之泛起层层涟漪……

1056年，21岁的苏轼和19岁的苏辙，与母亲、妻子洒泪而别，跟随父亲翻秦岭入关中，走陆路去京城开封参加进士考试。这是兄弟二人第一次离开蜀地，心中十分兴奋和激动，一路上赏不完的青山秀水，说不尽的壮志凌云。苏轼也憧憬能一举夺魁，像当年的孟郊一样，春风得意马蹄疾，一日看尽长安花！

从正月走到五月，他们花了将近半年时间到达开封。又恰好赶上开封连日大暴雨，内城积水一尺，外城出现洪涝，一些民房倒塌。苏轼等人在"太平兴国寺浴室院"找了住处，用现在的话说，就是住进了浴池里，属于条件不怎么好的温泉宾馆。

住进太平兴国寺浴池两个多月，苏轼和苏辙参加了开封府的解试，结果毫无疑问，双双考中。

只是问题来了，苏轼、苏辙是四川眉山人，眉山当时归成都府管辖，他们要考举人，理应参加成都府的解试，为什么要千里迢迢跑到开封，参加开封府的解试呢？

其实原因很简单，东京是都城，朝廷在科举考试方面给开封考生很大照顾，开封府解试的录取名额远远超过各地州府。北宋著名史学家司马光做过统计：在1059年、1061年和1063年举行的三届进士考试中，开封籍考生占了全国进士名额的三分之一！

这就导致为了取得科举优势，宋朝有"冒籍"的现象。所谓冒籍，就是冒充籍贯，本来不是某地的考生，偏要冒充某地的考生。北宋考生最喜欢冒的籍贯当然是都城开封。北宋大臣苏颂说："天下州郡举子，既以本处人多、解额少，往往竞赴京师，旋求户贯，乡举之弊，无甚于此。虽朝廷加以禁文，终不能禁止者……"（《苏魏公全集》卷七十三）苏颂所说的"解额"就是录取名额，各地考生多而名额少，开封考生少而名额多，所以全国各地很多考生争先恐后赶到开封，冒充开封户籍参加解试。

对于冒籍一事，朝廷有多种措施，那么苏轼凭什么能冒籍参加开封府的解试呢？此事无从考证，可能是苏轼的父亲苏洵曾在开封内城西门老郑门东侧买过一所房子，苏轼有"学区房"，又或者苏轼、苏辙来开封赶考时，朝廷在冒籍方面的禁令还不严格，他们直接参加了考试。

按照宋朝的规定，府试以后还要经过中央礼部（负责礼仪、祭享、贡举等事）的考试和皇帝的殿试。所以，兄弟俩不敢松懈，继续闭门攻读。

嘉祐二年（1057年），父子三人迎来自己的高光时刻，苏轼兄弟同科进士及第，名震京师。身为两个进士父亲的苏洵，更是神采飞扬。后来有人私底下问苏洵，你觉得考进士难不难。苏洵很老实地回答："莫道登科易，老夫如登天；莫道登科难，小儿如拾芥。"

关于1057年的这场考试，它除了星光熠熠，诞生苏轼、苏辙、曾巩、曾布、程颢、张载等众多我们熟知的名人外，还有一重大意义。

原来，当时的读书人喜欢写一些晦涩难懂的语句，文风相当险怪，称"太学体"，让人读得十分辛苦。于是王安石、欧阳修等人扛起韩愈"古文运动"的大旗，提倡平实文风，想要有所改变。正好这一年文坛领袖欧阳修担任考试的主考官，因此他想借知贡举的权力，排抑险怪艰涩的"太学体"，扭转科场、太学中的不良文风。《宋史》卷三百一十九《欧阳修传》载："知嘉祐二年贡举。时士子尚为险怪奇涩之文，号'太学体'，修痛排抑之，凡如是者辄黜……然场屋之习，从是遂变。"

对苏轼来说，这场考试还有个小插曲。

这一年策论考试的题目为《刑赏忠厚之至论》，考生们绞尽脑汁，搜肠刮肚，希望能妙笔生花，写出一鸣惊人的好文章。因为当时推行糊名誊写制，考生的名字被遮挡住，卷子也要被人重新抄写，因此考官们根本分不清考卷是哪位考生的，想徇私舞弊也很难，所以这种考试对每个考生都很公平。

在批阅考卷时，考官梅尧臣时而眉头紧锁，时而点头微笑，突然，一篇文章让他眼前一亮，他忙呈献给主考官欧阳修看。欧阳修读后也非常惊喜，没想到考生中竟有才思和文笔如此出众之人，此文应是全场第一啊！

但刚要下笔，欧阳修又突然停住了，心中暗想：能写出这么优秀的文章没有别人，只能是我的弟子曾巩了。如果我给他点了第一，容易让人误解说我以公徇私。于是他忍痛给此文点了个第二名。

当所有卷子都批阅完毕，两位考官把考卷名字上的纸条轻轻揭下，欧阳修大吃一惊，这篇名为第二实为第一文章的作者根本不是曾巩，而是眉山苏轼。他略带歉意地一笑："老夫小瞧这个年轻人了！"梅尧臣也在一旁叹息道："后生可畏也！"

苏轼的确厉害，他的文章以忠厚立论，表达了儒家提倡的"仁政"理念。从立意角度来说称不上新奇，但是旁征博引，用典新奇，说理透彻，文辞朴实流畅，洗尽铅华，让人耳目一新。

他在文章中写道："当尧之时，皋陶为士。将杀人，皋陶曰'杀之'三，尧曰'宥之'三。故天下畏皋陶执法之坚，而乐尧用刑之宽。"

梅尧臣和欧阳修并不知道这个典故出于何处，于是事后就问苏轼。苏轼随口回答：《三国志·孔融传》。"两位老先生信以为真，但回去把《孔融传》连翻了好几遍，也没有找到相应的典故，只好再问苏轼。苏轼不好意思地笑了，说："曹操灭袁绍，将袁熙（袁绍子）美貌的妻子赏赐给自己的儿子曹丕。孔融对此不满，说：'当年武王伐纣，将商纣王的宠妃妲己赏赐给了周公。'曹操忙问此事见于哪本书上。孔融说：'并无所据，只不过以今天的事情来推测古代的情况，想当然罢了。'所以，学生也是以尧帝为人的仁厚和皋陶执法的严格来推测，想当然耳。"

欧阳修望着这个年轻的后生，仿佛看到一颗冉冉升起的新星，大胆做出预测："此人可谓善读书，善用书，他日文章必独步天下！"这一年，苏轼22岁，苏辙20岁。

金榜题名之后，主考官与新中进士之间，便有了师生的名分和情谊，为此苏轼特意写了《谢欧阳内翰书》，感谢欧阳修的知遇之恩。全文毫无阿谀奉承的虚夸，更无投其所好的取悦，反倒是一片赤诚的表白。他开篇就提出了"天下之事，难于改为"的观点，把五代至宋初文坛盛行靡华之风的弊端论述得淋漓尽致，而后又赞颂欧阳修能倡导古文运动和科考新风，洗去辞藻之铅华，而加以思想之深邃广远，使考生们更重视"文以载道"，少作"表面文章"。

欧阳修读罢此信心生欣慰，而当他读了苏轼写给梅尧臣的《上梅直讲书》后，更是赞不绝口。两封书信，虽为"应酬"而作，但字字朴实，发于肺腑，表明心志，诚挚地表达了对两位伯乐的赞颂和尊敬。

欧阳修曾激动地对梅尧臣说："读轼书，不觉汗出。快哉快哉！老夫当避路，放他出一头地也！"后来，他又对儿子说："你要记住我的话，30年后，世上的人再也不会谈论我的文章了！"儿子不解地问："那会谈论谁的呢？"欧阳修微微一笑："眉山苏子瞻！"

才华冠世雄

　　苏轼兄弟双双上榜，再加上欧阳修、梅尧臣等人的大力推举，眉山苏家父子迅速成了当红人物。他们的新作刚刚完成，就传遍京城，被人们津津乐道。

　　但可悲的是，因为京城距眉山路途遥远，他们成名的喜讯还没传到家乡，苏轼的母亲程氏就因积劳成疾不治而亡，抱恨而终。

　　程氏自从18岁嫁到苏家后就过起了苦日子，穿粗布衣服，食粗茶淡饭，但她从没有埋怨过半句，而是一直孝敬公婆，勤俭持家，团聚族亲，是个温良恭俭的好媳妇。苏轼的祖母晚年脾气不好，性情急躁，稍不满意就大发雷霆，大家路过堂下时都加倍小心。只有程氏柔声细语，体贴入微，考虑周全，老夫人一看见她就心生欢喜，连苏洵都自愧不如。

　　苏家的日子越过越紧，有人曾劝程氏回娘家求助，她却摇摇头说："我娘家条件的确不错，可以接济我们，但如果真的请他们帮忙，外人一定会认为我家相公无能，还得靠岳丈施舍才能养家度日。这样会有损苏家的名声，我不能同意。"

为了改善家里的生活条件，程氏做起了丝绸生意。家里富有之后，她并没有过锦衣玉食的生活，而是简朴依旧。

她常常告诫苏轼兄弟二人："你们读书，不要只读死书，要学会效仿古人贤士，遵守道义。如果有一天你们真是为正道而死，我将以你们为荣，没什么可遗憾的。"

原以为功成名就后可以回报亲恩，没想到子欲养而亲不待。苏轼父子惊闻噩耗如五雷轰顶，急急忙忙回家奔丧，日夜兼程，两个月后才回到眉山。

眉山有一片风景秀丽的山林，山间有一泓山泉十分神奇，传说有一个白发老翁卧于泉上，只可远观不可靠近，否则他就会消失不见，隐身于泉水之中。所以当地人称之为"老翁泉"。苏洵请来当地寺庙里的高僧为亡妻超度，而后又把她安葬在老翁泉旁边。他不仅天天坐在泉边的亭中陪伴亡妻，还亲自给她写了祭文以示悼念：

> 呜呼！与子相好，相期百年。不知中道，弃我而先。我徂京师，不远当还。嗟子之去，曾不须臾。

子去不返，我怀永哀。反复求思，意子复回……凿为二室，期与子同。骨肉归土，魂无不之。我归旧庐，无不改移。魂兮未泯，不日来归。

祭文中充满了苏洵对亡妻满满的感激、怀念和不舍，并提前安排好自己的后事，希望待自己百年后与程氏合葬，再续前缘。

古人父母去世，无论多大品级的官员都要回家守孝，叫作"丁忧"。丁忧的时间一般为三年，其间孝子不能出来做官，有官位的也要辞掉。但宋朝沿用《唐律疏议》，《唐律》规定"父母之丧，法合二十七月"，也就是真正的时间够27个月就行了。

守孝期间苏轼无事可干，就一边读书交友，一边游玩。

嘉祐三年（1058年），宰相王旦的儿子、龙图阁学士王素到成都来做官，苏轼便写了《上知府王龙图书》说明蜀地百姓赋税太重等一些问题，后来还和王素成为朋友。

苏轼的岳父住在眉州青神县，他常去岳父家，由此和夫人王弗的族叔王淮奇成为朋友。王淮奇早年做过县衙门的主簿、户掾之类的小官，在职期间深得百姓敬重，后来因为得罪权贵辞官回乡，隐居在青神城南的瑞草桥，成了陶醉田园的隐士。王淮奇的年龄比苏轼大，但他从不以老自尊，而苏轼也没有隔阂，常约了人和王淮奇一起到江岸边喝酒，十分畅快。

很快27个月就过去了，嘉祐四年（1059年）十月，枫叶正浓，苏轼兄弟与父亲商量之后，决定举家迁往京城。

这次他们先走水路再走陆路。从蜀地到荆楚，小舟在水上漂了60天，一路上层林尽染，烂漫多彩，再加上有娇妻爱子相伴，苏轼心情也是大好。大家一起饮酒对弈，写诗诵文，好不热闹。船行山水间，诗文流百篇，苏轼将其父子三人的作品合称为《南行集》。

《初发嘉州》：

> 朝发鼓阗阗，西风猎画斿。
> 故乡飘已远，往意浩无边。
> 锦水细不见，蛮江清可怜。
> 奔腾过佛脚，旷荡造平川。
> 野市有禅客，钓台寻暮烟。
> 相期定先到，久立水潺潺。

当小舟从眉山出发，沿岷江顺流而下经过嘉州时，苏轼诗兴大发，望着如画的山光水色，脱口而出这首著名的《初发嘉州》。虽然他很向往能在京城一展抱负，但此次举家远离，不知何时才能再回故土，浓浓的乡愁浸润在绵延的水流中，铺盖在辽远的平川上，让人久久不能平静。

这一次，他们共走了1680余里水路，经过11郡26县，直到十二月中旬才到江陵（今湖北荆州）。一家人在此过年，年后继续陆行北上进京，到达京城已是第二年的二月。

苏轼入京后的第一份工作是河南府福昌县（今河南省宜阳县西）的主簿，虽是一个掌管文书的佐吏，但也是重要的县级领导。他领旨后辞别父亲和弟弟，带着妻儿赶往福昌上任。第一次上岗，虽是牛刀小试，但苏轼也不敢有丝毫的马虎和怠慢，凡事无论巨细都亲自过问，秉公办理，深得当地官员的赏识和百姓的信赖。

嘉祐五年（1060年）二月，欧阳修推举兄弟二人参加次年的"贤良方正能直言极谏科"的制科考试。这可是大考中的大考，又称"特考"，它不定期，非常规，是皇帝为选拔"非常之才"举办的特殊考试。两宋加在一起319年的历史中，制科考试只举行过22次，录取人数41人，占考中进士总人数的千分之一。

制科考试对大多数考生来说就是陪跑，但对25岁的苏轼来说，却是一鸣惊人的最好时机。过去考生考试时都是提笔就写，根本不打草稿，所以许多文章没有经过深思熟虑，内容和结构经不起推敲。而苏轼对此次考试十分重视，一开始就打好草稿，文理清晰，内容翔实，而后做制策也是有理有据，观点鲜明，亮点频出。

走出考场的苏轼，心情就像九月的天空一样晴朗，一碧如洗，万里无云。他对自己的文章相当满意，脸上不免露出几丝得意之色。而苏辙还是一贯的稳重平和，看不出欢喜忧虑。

不久，喜报传来，苏轼的对策文义粲然，被评为第三等；苏辙位列其后，被评为第四等。北宋时期，对策考试门槛太高，一、二等形同虚设，第三等其实就是第一名。北宋自公元960年建立以来，只有一位叫吴育的建州才子获过此等殊荣。而苏轼夺冠正值1061年，是北宋建朝的第100年，所以苏轼被评为"百年第一"当之无愧。

站在人生新的起跑线上，苏轼也鼓足了气力策马奔腾，不仅要"一日看尽长安花"，还要"会当凌绝顶，一览众山小"。

大鹏一日同风起

苏轼在制科考试中独占鳌头，震惊朝野。皇帝对苏轼期望很高，但又不急于重用，先让他从地方小吏做起，好好历练一下。1061年，嘉祐六年十二月，苏轼被授予大理评事，奉旨到凤翔府做判官，正式迈上了仕途的第一步台阶。

凤翔府位于陕西，也就是现在的陕西省宝鸡市凤翔区，有着6000多年的悠久历史。古代曾叫作"雍州"（或"雍县"），为"九州"之一，是周、秦等国的发祥地。

苏轼来到凤翔府的第二年（1062年）正赶上大旱，连续一个月没有下雨，土地饥渴得伤痕累累，庄稼也病得纷纷塌腰。百姓整日叫苦不迭，日子苦不堪言。

苏轼忧心忡忡，于是陪同太守宋选，带领着老百姓，举着旗子，敲锣打鼓，去太白山上求雨。他还特意写了五首《迎送神辞》

来叩拜太白山神。《太白词》曰："岐下频年大旱，祷于太白山辄应，故作《迎送神辞》一篇五章。"

太白山是秦岭的主峰，最高峰八仙台海拔3700多米，比泰山（1500多米）和黄山（1800多米）的最高峰叠加起来还要高。传说太白山有山神庇护，每当遇到旱灾之年，人们常来这里求雨，山神一感动就会降甘霖润泽大地。

苏轼亲自摆设香案供果，虔诚地跪拜求雨，还写下《凤翔太白山祈雨祝文》，希望能感动山神。

　　圣天子在上，凡所以怀柔之礼，莫不备至。下至于愚夫小民，奔走畏事者，亦岂有他哉！凡皆以为今日也。神其盍亦鉴之。上以无负圣天子之意，下以无失愚夫小民之望。

在祷文中，我们可以明显地感受到苏轼求雨的迫切心情，也足见得他为百姓担忧请命的赤子之心。而后，他又替太守给皇帝写了一封奏折，名为《代宋选奏乞封太白山神状》，奏请皇帝将太白山重新册封为公爵。为救天下苍生于水火，皇帝果断下诏封太白山神为明应公，重修其庙宇。

精诚所至，金石为开。几天后果然天降甘露，虽然雨并不大，但是给人们带来了希望和快乐，于是苏轼又向山神祷告请求再降大雨。这一次，山神给足了苏轼面子，三天后连降三日大雨，百姓们高兴得都向太白山的方向叩拜，而官吏们也聚在一起相互庆贺。此时恰好赶上苏轼府邸的新亭子建好，于是他在亭中大摆筵宴，请来亲朋好友同喜同贺，并将此亭取名为"喜雨亭"。

《喜雨亭记》：

> 使天而雨珠，寒者不得以为襦；使天而雨玉，饥者不得以为粟。一雨三日，繄谁之力？民曰太守，太守不有。归之天子，天子曰不然。归之造物，造物不自以为功。归之太空，太空冥冥。不可得而名，吾以名吾亭。

天降珍珠，受寒的人不能拿它当衣服穿；天降白玉，饥饿的人不能拿它当粮食吃。可天降大雨，庄稼就能得救，人们就可以丰衣足食、安居乐业，国家就会稳定兴旺、繁荣昌盛。苏轼看淡金钱而重民生，忧国忧民之情溢于言表。而他又没有把功绩归结于官吏、天子、神仙，而是感恩大自然的造化，足可见他的智慧和通达。明代杨慎曾在《三苏文范》中评价此文："此篇题小而语大，议论干涉国政民生大体，无一点尘俗气，自非具眼者，未易知也。"

求雨让人们看到苏轼爱民如子的真诚，而扩建东湖，则给凤翔带来太多的美景和浪漫。

东湖位于凤翔的东南角，原名"饮凤池"。相传在周文王时，有一只美丽的凤凰鸟唱着歌从此飞过，看到下面的池塘清澈见底，于是就落在池边饮水，而后又乘风飞去。当地人认为这是祥瑞之兆，于是将此水唤作"饮凤池"。

苏轼看此池虽然清秀，但规模较小，于是将其修筑扩建，在池中栽上荷花，在岸边种上细柳，修建一些亭台楼阁供人们休息和赏玩。因此地距府城东门只有二三十步远，所以饮凤池又改名为"东湖"。

春季绿柳如烟，夏日荷香幽幽，秋天碧波微荡，冬时瑞雪迎祥，四时之景不同，而乐亦无穷，东湖成了凤翔府的新坐标，让人流连忘返。苏轼闲暇时常带着妻子王弗在湖边凉亭中赏景，而百姓们也喜欢在林间漫步，苏轼效仿老师欧阳修与民同乐，怡然自得，尽享人生好时节。

多年以后，苏轼在杭州又治理了西湖，修筑了苏堤，于是人们就把东湖和西湖合称为"姊妹湖"。

苏轼在凤翔工作了两年，和老太守宋选合作愉快。可惜宋选任满离去，新来的太守陈希亮（字公弼）对苏轼并不友好，让他十分头疼。

陈公弼也是四川眉山人，与苏轼是老乡，和苏家是世交，比苏洵还要大一辈，按理说应该对年轻的苏轼多些关照和包容。可是，陈公弼却天天板着一张大黑脸，并不把这个后起之秀放在眼里。

因为苏轼参加过"贤良方正能直言极谏科"的考试，并获得"百年第一"的佳绩，所以同僚见了他都喜欢唤一声"苏贤良"。没想到陈公弼一听就勃然大怒："年纪轻轻称得起什么贤良，讨打！"说着就把小官吏暴打一顿。

苏轼心中很不悦，但又不好意思当面反驳，为了缓和矛盾，他也曾私下里去找陈公弼，欲好好聊聊，没想到陈公弼让他坐了半天冷板凳，连半个人影儿都不见。其他同僚们也遭到了同样待遇，等到花儿谢了也不见陈公弼半个人影儿，有的甚至坐在那里打起盹来，气得苏轼写诗转发"朋友圈"，公开表示对陈公弼待客无礼的不满。

《客位假寐（因谒凤翔府守陈公弼）》：

> 谒入不得去，兀坐如枯株。
> 岂惟主忘客，今我亦忘吾。
> 同僚不解事，愠色见髯须。
> 虽无性命忧，且复忍须臾。

这一年的中元节，官员们依据朝廷规定，都要去陈公弼家聚会。苏轼心想：平时去你家连面都见不着，今天这么多人去讨好你，也不差我一个。于是脱了朝服换上便装，陪伴妻子和儿子在鸳鸯亭中饮酒赏月，玩了个故意缺席。

没想到第二天一上班，他就收到了罚单，因为没有去拜见上官，陈公弼竟然罚他8斤铜——宋朝1000文铜钱重5斤，8斤铜就等于罚了他1600文钱。苏轼恼羞成怒，暗下决心："陈公弼，你这个大黑脸，早晚有一天我也会让你当众丢丑，变成大红脸！"

别急，机会来了！

这一年，陈公弼在自家后院修了一个凌虚台，请苏轼写一篇文章来记述。苏轼饱蘸浓墨，挥笔洋洋洒洒写下了《凌虚台记》。他先写了凌虚台修建的目的、名字由来，而后笔锋一转，引发了议论和感慨。

计其一时之盛，宏杰诡丽，坚固而不可动者，岂特百倍于台而已哉？然而数世之后，欲求其仿佛，而破瓦颓垣无复存者，既已化为禾黍荆棘丘墟陇亩矣，而况于此台欤！夫台犹不足恃以长久，而况于人事之得丧，忽往而忽来者欤！而或者欲以夸世而自足，则过矣。盖世有足恃者，而不在乎台之存亡也。

既已言于公，退而为之记。

在苏轼眼中，事物的兴盛和衰败是无法预料的，曾经野兽出没的荒凉之地，后来却变成了美丽的楼台。登台而望，东面、南面、北面分别是秦朝、汉朝、隋唐宫殿的遗址。它们曾经兴盛一时，现在却化为一片废墟，再也找不到往日的辉煌景象。连皇宫都不能长久，又何况是小小的凌虚台呢？人生在世，来去匆匆。如果有人想要借高台来炫耀和满足，那就太无聊了。真正能与时间抗衡的东西，与楼台毫无关系。

苏轼的这篇文章表面上文采飞扬，纵论兴废成败之理，实则讽刺之意满满，把矛头直指陈公弼，认为其修筑凌虚台华而不实，也不会存在太久。

苏轼本想借此文让陈公弼当众出丑，没想到陈太守读了他的文章后微微一笑，吩咐人将其一字不改地刻在石头上，置于凌虚台边。其他人见状都大感不解，苏轼也倍感尴尬。

后来陈公弼私下里解释说："我把苏轼当作亲孙子一样看，所以平时对他严厉苛刻，怕他年少轻狂、恃才放旷、做事不计后果。没想到这孩子还真记仇了！"可当时的苏轼并没有理解陈太守的良苦用心，一心想要远离这个大老黑。

1065年，苏轼在凤翔府四年任期已满，他踏上了回京之路。苏轼的官场初体验喜忧参半，但年轻的他并不在意这些。他希望能和家人常相伴，在天子身边大展宏图。但没想到，等待他的不是鹏程万里，而是一个又一个晴天霹雳。

山雨欲来 风满楼

　　苏轼回京后先来到登闻鼓院上班，专门受理文武官员、士大夫及普通百姓的奏章和状子。后来他又通过学士院的考试来到了直史馆（相当于国家重要干部的预备团），只待任职一两年后，步步高升，前程似锦。

　　然而，就在苏轼准备在京城大显身手时，噩耗再次传来。1065年，治平二年五月二十八日，妻子王弗因病去世，享年27岁。望着静静地躺在那里的妻子，苏轼心如刀绞，泪湿长襟。

　　苏洵也十分悲痛，眼含热泪对苏轼说："你媳妇贤惠温柔，与你同甘共苦多年，你可不能忘了她呀！她是我们苏家的好儿媳，以后有机会，一定要把她葬到你母亲的墓旁，她下辈子还是我们的家人。"苏轼听后更是泣不成声，悠悠岁月，往事如昨。

　　王弗比苏轼小两岁，温柔美丽，像一朵娇艳的飞来凤，父母更是视其为掌上明珠。她的父亲王方是乡贡进士，为人质朴方正，博学广闻，曾在中岩学院教书，和苏洵也是好友。苏洵曾经让两个儿子去中岩学院读书，苏轼聪明好学，深得王方的青睐。

在中岩学院附近有一片丹岩赤壁，下有一汪绿池，池水清澈，润滑如玉，形如半月，相传为慈姥龙的府邸，苏轼学习之余常来这里观景。

一日，他突发奇想："这么美丽的池塘怎么能没有锦鳞游泳呢？"于是"啪啪啪"连拍了三下掌。没想到水底的鱼儿竟相跳出水面，凌空飞跃一般，而后又落入水中翩翩游弋，似与苏轼相乐。苏轼心中大喜，就向老师王方提议给这个池塘起个好听的名字。

王方雅兴大发，请来许多当地的文人墨客，一边欣赏池中美景，一边把想好的名字都写在小字条上。有人写"碧水"，有人起名"翠玉"，还有人想到了"鱼之乐"，但是王方都不满意。苏轼最后一个交卷，他慢慢打开字条，上面赫然写着三个大字——"唤鱼池"，王方和众人皆拍手叫好。

苏轼脸上不由得浮出一点小得意，不想王方的小女王弗派小丫鬟送来一张粉红色的小字条，大家都很好奇，围过来仔细一看，上面竟然也写着三个娟秀的小字——唤鱼池。众人相视一笑，有人脱口而出："不谋而合，韵成双璧。"

王方听了这话也很开心，苏轼年少有为，聪明好学，日后必成大器，和自己爱女是天作之合。于是他请媒人去苏家提亲，苏洵和程氏也欣然同意。

王弗是个内敛低调的女子，刚嫁过门来并不提及自己曾读过什么书。苏轼读书时，她常坐在一旁静静地绣花，并不言语。

一日，苏轼背书时突然卡壳，半天也没想起来，想翻书去找原文，没想到妻子一边低头绣花，一边脱口提示，让苏轼大吃一惊。苏轼以为只是巧合，就又问了她几句，没想到她都能准确说出。苏轼这才知道王弗可比自己聪明多了，对她刮目相看。后来，苏轼在读书和写诗时便喜欢和妻子交流和共赏，王弗也总能说出其中的妙处，二人互为知己，苏轼对娇妻越来越喜爱和敬佩了。

1061年，苏轼去凤翔府上任，王弗带着两岁的儿子苏迈一路陪同。王弗不仅把家里照管得井井有条，也能做苏轼最好的参谋。她深知丈夫耿直又天真，有时喜欢意气用事，所以每次他出门回来都细心询问，凡有不周之处，王弗都小心提醒："我们初来此地，人生地不熟，所以说话办事还是要谨慎低调一些，莫要冲动。"苏轼笑着点头称是。

每当有客来访，王弗就藏在屏风后静静聆听，当客人走后她就和苏轼一起分析客人说过的话，指出谁是有目的而来，谁的言论带有偏见，建议苏轼不要被他人错误的思想带偏，也不要交那些套近乎的朋友。过后苏轼发现，王弗看人的眼光还是很准的，那些不被她看好的人后来都暴露了本来面目。从此，苏轼对妻子更加佩服得五体投地。

闲暇之时，二人常在东湖漫步，王弗最喜欢坐在"鸳鸯亭"中赏花看鱼，欢声笑语在湖面荡起层层涟漪。苏轼本想执子之手，与子偕老，没想到她只陪自己走了11年就撒手人寰。痛失爱妻，仿佛断了左膀右臂，苏轼心痛难忍，终日以泪洗面，饱含热泪为妻子写下400多字的墓志铭以示纪念。文中记述了王弗生活中的几件小事，足可以看出她敏而静的特点。夫妻情深而朴实无华，更令人深深感动。

王弗去世10年后，苏轼正在山东密州做太守。一个月华如水的夜晚，苏轼梦到了妻子在故乡的家中对着轩窗梳妆打扮，年轻美丽依旧。二人四目相对，默不作声，只有泪雨淋漓……

那一夜，苏轼提笔写下著名的《江城子》：

十年生死两茫茫，不思量，自难忘。千里孤坟，无处话凄凉。纵使相逢应不识，尘满面，鬓如霜。

夜来幽梦忽还乡，小轩窗，正梳妆。相顾无言，惟有泪千行。料得年年断肠处，明月夜，短松冈。

苏轼刚刚从丧妻之痛的阴云中走出，没想到又一个晴天大霹雳将其击倒。1066年，治平三年四月二十五日，老父亲苏洵病逝于京城，享年58岁。

当年苏洵虽然殿试落榜，但他的斐然文采深受欧阳修赏识，欧阳修向皇帝上书，想让苏洵参加舍人院的考试。舍人院隶属中书，专为皇帝起草诏书，也是个好差事。可是苏洵看两个儿子都已经高中，即将入朝为官，自己对仕途就不再那么看重，以身体染病为由委婉推辞。后来在宰相韩琦的推荐下，做了秘书省的校书郎。

1061年，苏洵来到霸州与陈州县令姚辟等人一同修书《太常因革礼》，欧阳修担任主编。《太常因革礼》以北宋第一本礼书《开宝通礼》为蓝本，既继承了传统礼书中的"五礼"，又添加了一些新的篇章，展现了北宋礼制变革后的新面貌，体现了用礼乐治国安邦的主导理念。

修书是个长期的苦差事，但没有常设机构，只能算是一个临时工作，所以不能按时领取工资。主编欧阳修心疼苏洵，不想让他白忙碌一场，所以把他的职衔转到霸州文安县，按县主簿待遇领工资，苏洵感激不已。

礼书修成之后，呈奏朝廷，未等批复下来苏洵就病故了。

父亲去世让兄弟俩悲痛欲绝，特别是苏轼，遭受着接连失去至亲之痛，感觉日月都失去了光辉，整日眉头紧锁，郁郁寡欢。他和弟弟把苏洵、王弗的灵柩送回眉山老家，让父母合葬，把妻子葬在距公婆墓旁七八步远的地方，一家人终于又团聚了。苏轼又请老师欧阳修为苏洵写墓志铭，记述父亲看似平凡又不平凡的一生。欧阳修在《故霸州文安县主簿苏君墓志铭》一文中称其为"纯明笃实之君子"，所写文章"纵横上下，出入驰骤"。

苏洵看似大器晚成，实则厚积薄发，他的文章以议论为主，以气势为胜，语言犀利，风格雄奇，颇具战国时代纵横家之雄辩遗风。后人将其与二子合称"三苏"，并入"唐宋八大家"之列。

母亲、爱妻、父亲的相继离世，让苏轼一次次饱尝失去至亲的痛苦。他守在双亲的坟前，看着亲手种植的松树，心中对世事无常又有了新的感悟……

第一章

人生到处知何似，应似飞鸿踏雪泥

人生，就是悲喜交
替、得失互补的逆旅。
大鹏展翅也好，飞鸿雪
爪也罢，都是行色匆匆
的痕迹。不必逃避，也
不必彷徨，只顾向前，
问心无愧就好！

之后，族人们张罗为苏轼续弦，苏轼忘不了与王弗多年的伉俪情深，可是看着年幼的儿子，他又忍不住一声长叹。

这一次，他将迎娶的是王弗的堂妹——王闰之，字季璋，家中闺字"二十七娘"。

王闰之比苏轼小11岁，年轻漂亮，心灵手巧，但21岁仍待字闺中，让许多人百思不得其解。于是有人大胆猜测：她早就心有所属，而这个人正是苏轼。王闰之深知堂姐王弗和姐夫苏轼情真意切，所以心生羡慕，对姐夫更是芳心暗许，所以任凭媒人踏破门槛也不肯出阁。没想到堂姐红颜薄命，临终前提议让堂妹做继室，这样可以接替她继续照顾苏轼和孩子，苏轼也只能含泪答应。

事实证明，王闰之也的确是苏轼续弦的合适人选，她虽然不识多少文墨，但是心地善良，勤劳能干，把家里照顾得井井有条，对苏迈视若己出，对苏轼更是全心呵护。上苍为苏轼关上了一扇门，却又为他推开了一扇窗，而这扇窗就是王闰之，她的到来为苏轼的生活带来了新的光亮和希望。

1069年，苏轼和苏辙兄弟带着妻儿重返京城，本打算撸起袖子大干一场，可是回到朝中后渐渐发现气氛不对：政局多变，党派对立，而新登基的小皇帝对苏轼的政治主张并不感兴趣，反倒和王安石打得火热，一心只想变法救国。

《吕氏春秋》曾说："变法者因时而化。"

变法是时代的产物，在特定的历史时期和背景下，统治者大胆地改变或废除一些旧制度，启动新法度来处理国家政治、经济、军事等各方面的工作，以达到治国安邦的目的。我国历史上有许多知名的变法，如商鞅变法、王安石变法、张居正变法、戊戌变法等，都是应时而生，无论成败，都在中华历史上写下浓墨重彩的一笔。

北宋每年都要花大量的钱去供养官员和军队，而皇帝也喜欢大兴土木，"冗官""冗兵""冗费"现象严重。和辽国所订的澶渊之盟和约虽然换来了短暂的和平，但表面的繁荣之下却是千疮百孔，经济上的铺张浪费导致国库日渐亏空。在军事上则是外强中干，兴庆府（今宁夏银川）李元昊称帝建立西夏，与北宋正式撕破脸皮，北宋的卧榻之侧又多一外人。苛捐杂税让百姓的日子越过越穷，民间起义不断。总之，内忧外患让北宋"积贫积弱"的局面越来越严重，改革势在必行。

1043年，范仲淹、欧阳修等人曾纷纷上书呼吁变革，腹背受敌的仁宗也欣然同意，但因为种种原因，"庆历新政"只开展了一年零四个月就以失败告终，范仲淹等大臣纷纷被排挤出朝廷，仁宗对变法也失去了信心和兴趣。

1058年，王安石借进京述职的机会，向皇帝写了一封万言书，请求再次变法改革。可当时的仁宗顾虑重重，并没有答应。直到1067年，年轻的神宗继位，变法才得以采纳，并被提上了日程。

别看神宗只有20岁，他胆大果断，目光长远，比他祖父和父亲更有魄力。神宗急需一场彻底的变革来改变北宋"积贫积弱"的政治面貌，缓解财政危机，解决阶级矛盾，增强军事实力，为巩固自己的政权奠定坚实有力的基础。

而王安石就是帮他实现梦想的最佳人选。

王安石图谋变法不是一时的冲动，而是经过深思熟虑的超级计划。

早年他誉满天下，却拒绝到朝廷"清要之地"做官，愿意下基层，且一干就是16年。史书说他知明州鄞县（今浙江省鄞州区）时，"起堤堰，决陂塘，为水陆之利；贷谷于民，立息以偿，俾新陈相易；兴学校，严保伍，邑人便之"——他在当地方官时就在实践变法。此后又历任舒州通判、常州知府、江南东路提点刑狱，每到一地都留意民事，兴利除弊，干得有声有色。

这一次，有皇帝在背后撑腰，王安石什么也不怕，本着富国强兵的目的，设立和颁布了青苗法、募役法、方田均税法等制度，撸起袖子、甩开膀子准备大干一场。

青苗法，又叫"常平新法"，源于唐朝中期。市场上的粮价会因每年庄稼收成的多少而有所不同，旧时的常平制度规定：如果遇到饥荒，就下调粮价；如果粮食大丰收，就适当抬高价格，防止谷贱伤农。而北宋的新法则规定：每年二月、五月青黄不接时，官府给农民放贷，收取20%的利息，等粮食丰收后和夏秋的税钱一起偿还。如此一来，百姓们就不会因天灾人祸而赔钱卖粮食了。

募役法又称"免役法"，在中国古代，农民每年都要服徭役，免役法简单来说就是如果你不想服徭役，可以用钱来换。唐朝时可以用物免役，老百姓只要交二丈绢（或绫）、三两棉，或者二丈五尺布、三斤麻，就可以不用服徭役了。到了王安石变法，则直接要钱了，而且官僚地主也不例外，只要交钱，人人平等。

王安石还颁布了方田均税法，通过丈量土地，将其按土质优劣分为五等，作为征收赋税的依据。与此同时，农田水利法、市易法、均输法等各种新法也在按部就班地执行。

经过几年的改革，国家财政收入明显增加，仅一年的税收就足够朝廷20年的支出，彻底改变了北宋"积贫"的局面。而农民们从某种程度上也减少了徭役赋税，解放了劳动力，生活负担减轻。

除此之外，王安石对军事、科举制度等方面也做了大胆的革新。

之前北宋实行了一系列的养兵政策，但又不真正重视。耗费了大量的物力和财力，但军队又疏于训练和管理，产生了将不识兵、将无常兵、将帅指挥受限、士兵素质低下等负面影响，"养兵千日，用兵一时"成了一纸空谈。

王安石上台后，精兵简政，采用保甲法来召集和训练民兵，采用将兵法来严格训练正规军，采用裁兵法让50岁及以上的老兵解甲归田，既节省了大笔开销，也提高了军队的战斗力。

另外，在科举制度方面，王安石也做了大胆的改动。唐朝科举制度不糊卷，考场徇私舞弊严重，而许多辞藻华丽、内容空洞无物的文章却备受欢迎——这像是"逢场作秀"。王安石颁布贡举法，废除原有的明经法，进士科考试内容以"经义"和"策论"为主，侧重考查考生们的论述能力。同时王安石还整顿太学，培养武学、医学、律学等科目的专门人才，重视对中下级官员的提拔和任用，让许多寒门子弟有了施展才华的机会。

改变"积贫积弱"现象，实现"富国强兵"目的，这是王安石变法的核心追求。但是，真的都实现了吗？

任何变革都是一把双刃剑，王安石变法也不例外。虽然变法取得了很多明显的成效，但也有不少弊端暴露出来，反对声、叫骂声不绝于耳。

王安石想帮助百姓减轻负担，但根本上是想增加国家财政收入。羊毛出在羊身上，最终遭殃的还是老百姓。

又因为用人不当，执法不严，许多变法在地方实施时变了味道，原本的二分利被层层加价，又变成了高利贷。而这还是官家放的贷，强行借，必须还，连本带利一分都不能少，不少百姓被逼上绝路。还有的百姓为了逃避"保甲"，不当民兵，竟然自断手腕变成残废，那血淋淋的场面惨不忍睹。

熙宁七年（1074年）是一个不平年，天下大旱，旱灾从头一年的秋冬即已开始，波及全国。百姓只能靠吃树皮草根为生，田野里的饥民比蝗虫还多，走过之地寸草不生。很多人横尸街头，腐烂的臭味引来了无数的苍蝇争食。有的百姓实在走投无路，只好背井离乡过起了逃难的生活。

此情此景，让王安石的门生郑侠心生悲愤，他当时已因劝谏王安石被贬为开封安上门的收税小官，知道劝谏无用，于是他挥笔画下一幅《流民图》，并附上《论新法进流民图疏》转呈给皇帝。谁知皇宫负责送奏章的人，对他不理不睬。无奈之下郑侠决心冒着欺君之罪，谎称有紧急情况，让驿卒用快马将《流民图》交到了负责接收全国奏章的银台司那里。图中的每一个流民都骨瘦如柴，蓬头垢面，惨不忍睹。有的人赤裸着上身和脚丫，捧着一只破碗边走边吃，似乎是几天几夜都没有吃过东西了；有的人衣衫褴褛，满面愁容，一边端着个破空碗乞讨，一边拄着根竹棍，背着拾来的柴火去交赋税；一个妇人穿着打满补丁的破衣服，头发散乱，满脸泪痕，跪在地上向他人乞讨……

这些人只是成千上万个流民的缩影，现实比这更残酷。神宗看后一夜未眠。

神宗又仔细阅读郑侠的书信。信中说："圣上，旱灾都是因为王安石变法而致，去安石，天必雨。我愿用项上人头作保，请您废除新法，罢免王安石，如果您这样做十日内还不下雨，我就提头来见！"神宗心中也是犹豫不决，耳边又响起司马光等人反对的声音。这时神宗的祖母曹太皇太后和母亲高太后也痛哭流涕地对他说道："皇上，都是王安石搞得天下大乱，民不聊生，一定要废了他，要不然都对不起我们的列祖列宗啊！"

神宗听了气愤不已，当即免了王安石的宰相一职，让他去做观文殿的大学士。并下令即日起开仓放粮，赈济灾民，暂停青苗法和免役法，废除保甲法。

夫孰异道而相安

当王安石变法还进行得如火如荼的时候，苏轼已经看出了其中的不少漏洞。苏轼看在眼里，急在心上，上书谈论新法的弊端。王安石本来就看不惯苏轼的锋芒毕露，而今这小子又敢在天子面前和自己叫板，对苏轼更加反感和不容。一时间对于苏轼不利的言论也风声四起，苏轼明显地感觉到：与其高居庙堂被小人陷害排挤，不如退隐江湖与百姓同游、与山水同乐。很多人都认为，苏轼是被王安石不断地打击报复，耽误了好几次升官的机会，一气之下才主动要求远调的。难道王安石真是那种心胸狭窄、刚愎自用之人吗？

历史上对王安石变法及其本人的评价一直都是两极分化，褒贬不一，但总要有人站出来说几句公道话。一向和王安石唱反调的司马光曾评价他："世人都说王安石是奸邪之辈，这样诋毁他有点过，但他的确不懂人情世故，太执拗了！"

那么，王安石到底是一个什么样的人呢？

王安石，字介甫，出身于江西省抚州临川一户官宦人家，世称"临川先生"。

王安石是学霸中的学霸，21岁高中进士，而后又在殿试中独占鳌头，笔试第一名，状元郎非他莫属。可是仁宗在复查卷子时，一看到他文章中"孺子其朋"四个字，心生不满。"孺子其朋"源于《尚书》，意思是年轻的君主应该多和群臣和睦相处。可当时的宋仁宗已经是成人了，还被呼作"小朋友"，心中自然不爽，一怒之下就把王安石的状元帽摘下，而第二名和第三名都是在职官员，不能当状元，就让第四名的杨寘做了状元。

如果换了别人得知此事，一定会怨天尤人，牢骚愤懑不已。而王安石却淡淡一笑，从此只字不提，就这么轻易地翻篇了。

王安石为什么能如此淡定？因为他一直特立独行。

第一，他不爱洗澡。很多官员在家在外都注重自己的形象，穿着打扮不敢有丝毫马虎，显得自己风度翩翩，气度不凡。可是王安石却不修边幅，天天邋里邋遢，据说一个月只洗一次澡，被送绰号"邋遢相公"。

第二，他不纳小妾。古代盛行妻妾成群，而王安石却"愿得一人心，白首不相离"。他与表妹吴琼从小青梅竹马，互为知音，长大后喜结连理，双宿双飞。妻子曾多次主动提出给他纳妾，可王安石坚决反对，即使美女靠近，他也能坐怀不乱。有一次，妻子花90万文给他买了一个美少妇，当王安石听说美少妇的丈夫是因为偿还损失官粮的巨额赔偿才被迫卖妻时，不仅退还了90万文钱，还让他们夫妻团聚，在当时也传为美谈。

而王安石最大的特点就是执拗，犯起犟脾气九头牛也拉不回来，人送绰号"拗相公"。他不想做的官，当着皇帝老子的面也敢一推再推，拒不上任；他若想做的事，谁拦他就和谁急，六亲不认。为了变法，他与司马光、欧阳修等昔日老友横眉冷对，水火不容。

苏轼的老父亲苏洵一直不喜欢王安石，对其持有偏见。张方平为苏洵写的墓表，即《文安先生墓表》记述了二人之间的恩怨。

当年苏洵在欧阳修的家宴上第一次遇到王安石时，对他印象特别差，说他相貌猥琐，衣冠不整，根本不像当大官的，甚至连普通百姓都不如。而当欧阳修让苏洵主动去和王安石打交道时，苏洵很不屑："我了解这个人，太不近人情，以后必是天下大患。"

苏洵打心眼儿里瞧不起王安石，所以当王安石的母亲去世，百官都去吊唁时，只有苏洵没有去，后来还写了一篇《辨奸论》，表面上讽刺奸佞小人，实则矛头直指王安石。

衣臣虏之衣，食犬彘之食，囚首丧面，而谈诗书，此岂其情也哉？

意思是说他穿着囚犯的衣服，吃着像猪狗吃的食物，头不梳、脸不洗就像守丧似的，还满嘴的子曰诗云、仁义礼智，真是个十足的伪君子。

苏洵虽未点名，却把王安石贬得一无是处，骂得体无完肤，满篇都是火药味儿。

可仔细一想，唐宋时对官员的相貌要求很严，长得太丑太猥琐的是不能当大官的，温庭筠就是这样的倒霉蛋。王安石算不上美男子，但也不至于像苏洵说的那么不堪，可能只是平时不修边幅、吃喝简单一些罢了。更何况苏洵早在王安石变法的三年前就去世了，所以这篇文章到底是不是苏洵写的，有待考证。

苏洵看不上王安石，王安石也看不上"三苏"，特别是苏轼。王安石认为苏轼恃才放旷，年轻气盛，写的都是模仿战国纵横家的文章，摇唇鼓舌，并声称如果自己是主考官，一定不会录取他！

王安石变法时有个专门的机构叫"三司条例司"。神宗发现苏辙做事稳重，属于实干派，于是派他去给王安石当下手，参与变法。苏辙虽不明说，但打心眼里是反对变法的。

一天，王安石拿着有关青苗法的制度询问他的看法："子由，你如果看到有什么不周之时，尽管直言，不必有所顾虑。"

苏辙也是直言不讳："大人，此法不近人情啊！"

王安石不解："说来听听。"

苏辙说："大人请看，把钱借给百姓，要二分利，本意是帮助百姓渡过难关，不是为了求利。但这钱一出一人，必经官员之手，就怕有些官员见钱眼开，贪污营私，强买强卖，让百姓负担加重。而百姓们有了钱就容易乱花，到了秋天还钱时，有钱的人家都未必能及时还上，更何况那些穷人了。"

王安石一听，一捋长须："嗯，子由的话有道理，容老夫再好好考虑一下。"于是青苗法暂且搁浅，二人不再提起。

后来，有一个河北转运判官叫王广廉，请求发给度僧牒几千份做本钱，把陕西转运司当作一块试验田，私自实行青苗法。春发秋还，效果不错，王安石心中大喜，于是开始全国推广。青苗法在全国有的地方推广得好，收入颇丰，但有的地方推广得一般，没见有什么收入，王安石就派陈升之询问是怎么回事。官员们心知肚明却都不好意思点破，只有苏辙敢一语道破玄机，说："前些年上面派官员来抚恤百姓，但这些官员都背地里中饱私囊，回来也不敢实话实说，怕被天下人耻笑。现在的情景和他们不是一样的吗？"

苏辙还亲自写信给王安石，告诉他青苗法的种种弊端，劝他马上停止，给正在兴头上的王安石泼了好大一盆子凉水。王安石大怒："好一个不识抬举的家伙，和我不同心同德，早晚都要坏老夫的大事。"于是想给苏辙定罪，还好有陈升之苦口相劝。但王安石不肯善罢甘休，把苏辙贬出了京城，让他去河南做了推官。

苏辙走了，苏轼又成了王安石的眼中钉。当年苏轼初入官场时，深受神宗赏识，私下里常召见他谈论时弊。苏轼侃侃而谈，有理有据，让皇帝欣赏不已。可王安石却不欣赏他，反对皇帝提拔苏轼，让他做了开封府的推官，给他派了好多公务，但苏轼都能漂亮地完成。

王安石实施变法以后，独断专行，不听劝告，苏轼对此很不满，于是想找机会讽刺一下他。正好皇帝让苏轼做进士的考官，苏轼就想出一个绝妙的选题——《国学秋试策问》："晋武帝进攻东吴，因独断而成功，符坚进攻东晋，却因独断而灭亡；齐桓公任用管仲成就一番霸业，而燕王哙任用子之而一败涂地。为何同样的事情但结果完全不同？"

王安石多聪明啊，一听就知道苏轼是在讽刺自己，心想："好你个苏子瞻，真会指桑骂槐，含沙射影，你的意思是老夫辅佐皇帝最终一无所成？"

苏轼作为旧党骨干，多次上书反对变法，还曾向皇帝提出"万言书"。没想到神宗还没回应，王安石却不干了，私下里让御史谢景温写黑料弹劾苏轼，但皇帝查了半天也没有发现什么确凿证据，此事最终不了了之。

二人之间的梁子越结越深。王安石铁了心要把变法坚持到底，很多反对党都受到了连累，被贬的被贬，外放的外放，治罪的治罪，真是杀红眼了！苏辙已是前车之鉴，苏轼也感到危机四伏。

虽然苏轼很想留下来为君主解忧，替朝廷谋事，无奈两派之争相当激烈，而天子站队偏向王安石，根本听不进他的劝告，留下来可能还会有更多的麻烦和隐患。

道不同不相为谋，与其被人踢出局，不如主动请调外放。于是苏轼写奏折请求外调为官，此举正合神宗和王安石的心意，于是天子就做了个顺水人情让苏轼去做杭州通判，苏轼欣然接受。临行前，朋友和同僚为他饯行，王安石却不在其中。苏轼淡淡一笑，不见也好，最好是再也不见！

若把西湖比西子

离开京城未必不是一件好事，苏轼看着一路上的山山水水，忽有种"久在樊笼里，复得返自然"的快感。

熙宁四年（1071年），苏轼去杭州上任，想起与弟弟好久不见，于是特意来到苏辙家里小聚。兄弟二人临窗听雨，弹琴对弈，宛如回到无忧无虑的少年时代，一切烦恼都随风而去。

苏轼在弟弟家里住了70多天，直到过了中秋才依依不舍地告辞。

这一别不知何时再见，苏辙送了兄长一程又一程。直到苏轼的小船越来越模糊，浓缩成一个淡淡的黑点，又在青山的拐角处消失不见，苏辙这才拭干眼角的泪转身离去。

杭州，一幅天堂的画卷，一个人间的天堂。

这里商业繁华至极，唐李华诗云："骈樯二十里，开肆三万室。"素有"鱼米之乡""丝绸之府"等美誉，物产丰富，经济发达，一年可向国家缴纳税款50多万缗，占全国总收入的4%，是真正的富得流油。华灯初上，西子湖畔，夜色撩人，歌舞升平，笑语盈盈，好一个"温柔富贵乡"。

初来乍到的苏轼，还未来得及享受这种温柔与富贵，就被上任后的各项工作忙得脚打后脑勺。大年除夕，爆竹声声，家家户户都围坐在一起喝着屠苏酒，而苏轼却在监狱里忙得连回家吃团圆饭的时间都没有。按照朝廷的规定，每到除夕这一天，通判都要清点监狱的犯人。苏轼拿着花名册一个个认真地核对，发现今年的人数比往年竟然增长了一倍还多，其中不少都是年轻人。他们或稚气未脱，或表情麻木，并没有因自己犯罪而感到羞愧。

苏轼心生怜意和愧意：百姓们为了生计，走投无路才触犯新法。如果没有新法，他们还是良民，还可以和家人一起过新年，而不是除夕夜在监狱里蹲着。而我和他们又有什么区别呢？不也是贪恋这点俸禄，所以不能回家过年。官也好，民也罢，都是为了生存而已，没有什么高低贵贱之分。我好想让他们回家过年，可是我没有这个权力，也没有释放他们的勇气，我无颜面对先贤。惭愧！惭愧！

想到这里，苏轼黯然神伤，默默流泪，在监狱的墙壁上挥笔写下诗一首《题狱壁》。他在自序中说："熙宁中，轼守此郡，除夜，直都厅，囚系皆满，日暮不得返舍。因题一诗于壁。"

> 除日当早归，官事乃见留。
>
> 执笔对之泣，哀此系中囚。
>
> 小人营糇粮，堕网不知羞。
>
> 我亦恋薄禄，因循失归休。
>
> 不须论贤愚，均是为食谋。
>
> 谁能暂纵遣，闵默愧前修。

　　变法步子迈得又快又大，难免会有许多疏漏，而一些官员借机从中谋利，虽然国库的银子越来越多，但贪官的腰包也越来越鼓，最终被伤的还是穷苦百姓。只可惜皇帝被王安石的言辞迷了心窍，暂时听不进大家的劝谏。苏轼也无能为力，只好换一种方式，多为百姓做一点力所能及的实事。

　　唐朝宰相李泌，博学广识，虽归隐为道士，但曾出山为相，堪称治国安邦之大才。晚年时他受小人排挤，被贬到杭州做刺史。他派人在涌金门一带连挖了六口井，引西湖水入城，解决百姓们吃水难的问题。杭州百姓为了感谢李泌，特意将其中一口井取名为"相国井"。

六口井给杭州人带来了许多便利，但因改朝换代，年久失修，有些已经残破甚至废弃不能再用，百姓又开始为天天喝苦水而发愁。苏轼上任之后，和太守陈襄一起疏通六井，并作《钱塘六井记》一文供后人借鉴。

1073年的一天，春风和煦，晨光熹微，苏轼早早就起床沐浴更衣，站在河边等候久别不见的老友。有朋自远方来，不亦乐乎。老友相见，分外亲切，二人乘舟同游西湖，影落寒玉潋滟间。

远山逶迤，湖水柔波，岸边翠柳轻舞，芳草迷离。有人在湖边钓鱼，那一脸悠然自得的神情，仿佛拿个神仙来当也不换。

老友羡慕地说："子瞻兄，都说杭州是人间天堂，果然百闻不如一见啊！"

苏轼一笑："那就请仁兄在此多逗留几日，好好过把天堂瘾吧！"

他们的说笑声在风中回荡。也不知是被山水所醉，还是被美酒所醉，没过多久友人就酣然入梦。

突然，风起云涌，一场急雨如豆子般从天而降。原本平静的湖面突然躁动起来，水中的鱼儿也被惊到，有的跃出水面一探究竟，而后又匆匆地潜入水底，不肯再浮上来。

西湖风云多变，在瞬间自由切换着晴和雨不同的频道，景色各异，美不胜收。苏轼本想叫醒朋友一同欣赏西湖雨，无奈他醉得太沉，连叫数声都没有叫醒。苏轼暗自惋惜："兄长没有眼福啊！这雨中美景还要拜水仙王所赐，我还是敬他一杯吧！"于是举杯敬西湖，而后一饮而尽。

《饮湖上初晴后雨》（其一）：

朝曦迎客艳重冈，晚雨留人入醉乡。

此意自佳君不会，一杯当属水仙王。

这场雨来得快，去得也快。刚才还是阴云密布，雨点如麻，转眼间又云开日出，晴空万里。正在这时，老友慢慢地抬起头来，睡眼惺忪地看着苏轼，根本不知道发生了什么，喃喃地说道："刚才我在梦中遇到一条金龙，它说自己叫水仙王，是西湖的守护神！"

苏轼一听哈哈大笑："你在梦中与水仙王相会，我在雨中与水仙王共饮，水仙王果然是变化无穷，神通广大啊！"

雨后的西湖就像刚沐浴完的女子，从头到脚散发着淡淡的清香，碧波轻浪，纹如小篆，在夕阳下闪啊闪，如跃金，如幻影。晴日里的小山苍翠欲滴，可此时却仿佛被大雨冲洗掉一层油彩，在雾霭中影影绰绰，似有似无，愈发显得朦胧、清雅、神秘。苏轼不禁又脱口而出一首诗。

《饮湖上初晴后雨》（其二）：

> 水光潋滟晴方好，山色空蒙雨亦奇。
> 欲把西湖比西子，淡妆浓抹总相宜。

老友一听，拍手叫绝："妙啊妙啊，把西湖比作西施，真是太恰当不过了！子瞻兄果然是才华绝伦！你要是生在唐朝，李白和杜甫都要给你让路！"

苏轼哈哈大笑："仁兄过奖，子瞻才疏学浅，哪敢和诗仙诗圣比肩？"

古往今来，多少文人墨客都写过赞美西湖的诗词，但最有名、流传最广、最受后人喜欢的还是苏轼的这首诗。它言语清丽，比喻巧妙，借晴雨变化写出了西湖之神韵。而最后两句，也成了西湖最响亮的广告语，一咏千年！

1073年，南方多地发生大面积的瘟疫，而后就是严重的饥荒，两浙转运使派苏轼到常州、润州、苏州、秀州等四地赈济灾民。苏轼让妻子王闰之在家照看三个儿子，自己带着几个随从匆匆赶赴灾区，辗转于各地，开仓放粮，防疫抗灾，忙了小半年才得以回到杭州，人也整整瘦了一圈。

1074年，知州陈襄任期已满，苏轼很不舍地与他举杯告别。令苏轼感到惊喜的是，接班上任的竟是自己的同乡兼好友杨绘（字元素）。巧的是，当年苏轼离开京城就是杨元素摆酒送行。此人也曾因反对王安石变法而被排挤出朝廷，而今来到杭州上任，老友相逢，悲喜交加，一切都在酒中……

杨元素叹了一口气："唉，此次相逢也不会太长久，我知道你的任期也要满了。不知朝廷是让你回去，还是让你继续外放？"

苏轼说："我和弟弟子由也有五六年未见了，前不久他又调到了山东齐州（今山东省济南市），所以我特意上书请求去密州（今山东诸城），这样能离他近一些，如果方便还有机会见面。"

杨元素很无奈地说："我们就像是天涯的飞鸿，四海漂泊不定啊！"

苏轼点了点头："是啊，我和弟弟都有回老家隐居的心愿，晚上一起坐在床边，对窗听雨，岂不自在？也不知何时可以实现啊！"

杨元素摇了摇头："子瞻兄满腹经纶，在杭州做通判已是大材小用，退隐江湖岂不是更可惜？"

苏轼一笑："什么可惜不可惜？能为百姓做事、为皇帝为忧，官无大小，都是子瞻的荣幸和使命啊！"

杨元素点头称是，二人推杯换盏，谈笑风生，不知不觉喝到天明……

分别的那天清晨，西湖两岸的垂柳也早早醒来，对着苏轼一行人默默地摆手。杨元素折了一枝杨柳送给苏轼："带着它吧，这是杭州的一点念想啊！"

苏轼将杨柳枝轻轻地揣进怀中，笑着说："天涯同是伤沦落，故山犹负平生约。元素兄，保重啊！"

杨元素也稍用力地拍了拍他瘦弱的肩头："密州环境不比杭州，你也要多保重身体！"

这时，不少百姓闻讯而来，流着泪为苏轼送行。苏轼的心倏地一暖，躬身施礼道："此行绝非永别，有缘我们来日再见！"

但愿人长久

"人生到处萍漂泊，偶然相聚还离索。"江南再好，西湖再美，也不是久居之所。1074年，熙宁七年九月，苏轼告别了好友杨元素，挥别了杭州城的百姓，向山东密州进发。

一路上，苏轼还美美地幻想着：都说山东是孔夫子的老家，人杰地灵，而密州又是尧帝的府邸，一定也是民风淳朴，生活富足。如果公事不忙，我还可以抽空去看看弟弟。想到这里，苏轼的脚步似乎也轻快了许多，恨不得马生双翅，能早日飞到密州城。

四个月后，苏轼一行终于到了密州，但迎接他的不是敲锣打鼓的百姓，也不是身着官服的同僚，而是黑压压一片的蝗虫。

在杭州生活三年，苏轼从来没见过这么大、这么多、这么猖狂的蝗虫，密密麻麻，铺天盖地，横冲直撞。苏轼后来在诗中这样描绘："前时渡江入吴越，布阵横空如项羽。"农户们都在田地里手忙脚乱地捉蝗虫，但又无法斩草除根，一个个愁眉苦脸："种不了麦子，交不起租子，杀不完虫子，老天爷真不让我们活了！"

原来，密州连续六七年大旱，今年也不例外。旱灾又让蝗虫泛滥，今年尤为猖獗，农民目前捕杀的总量有3万多斛（相当于1500立方米）。但这种虫子的繁殖能力特别强，一次产卵200～1000颗不等，若任其野蛮生长，后果不堪设想。旱灾、蝗虫一起涌来，那么密州必将饥民遍野，伏尸满城。

苏轼眉头紧锁，都说新官上任三把火，万万没想到，自己上任后的第一把火竟是治虫。他对此一点经验都没有，于是走访农户，请教老农，学习并推广火烧、泥埋等最有效的办法。蝗虫在烈火、浓烟中拼命地挣扎，最终化成一片片黑枯的残骸，这一场人虫大战最终以人胜而告终，密州的上空又浮现出久违的朵朵白云。

蝗灾被战胜了，但旱灾还在不断发生。因为秋小麦没能及时播种，所以到了青黄不接的时候，百姓们饥饿难忍，四处挖野菜吃，卖儿弃女的现象也屡有发生。

老百姓苦，当官的日子也没好到哪去，苏轼无菜下厨，只好和大家一起去摘枸杞和菊花。连他自己也没想到，做了19年的官，现在竟然每天为了粮食而苦恼！

一天，苏轼和通判在城墙边摘野菜时，拾到了一个刚出生不久的弃婴，他正咧着小嘴用力地啼哭，一声声撕心裂肺，好像在喊"娘——"，又像在喊"饿——"。

看来这两年老百姓还不起债，养不活孩子，只好扔到荒郊野外，让他自生自灭。苏轼心如刀绞，立即下令让官员和衙役们在田间郊外到处寻找，竟然抱回了40多名弃婴。苏轼把他们送给条件好一点的人家抚养，每个月又发粟米6斗以示补助，让这些小孩子有了可安居的新家。

贫穷和饥饿，赋税和欠债，让一些本身就很穷苦的老百姓难以生存，不得已走上偷盗抢劫的道路。天灾人祸并行！苏轼一边继续给朝廷上书汇报灾情，请求减免相应赋税；一边亲自带百姓上山求雨，希望能早日解决干旱问题。不久后喜讯频传，龙王降雨，皇帝也同意了苏轼的请求，百姓们拍手称快，好日子又要回来了！

苏轼在密州忙碌的脚步从未停止过，他在巡查过程中发现城墙西北处有一座败落的台子，据说是北魏时期建的，于是派人将它翻修一新，还特意写书信请苏辙为它取个响亮的名字。

苏辙看到兄长的信后，想起了《道德经》中的一句话："虽有荣观，燕处超然。"荣华富贵皆是浮云，即使身在其中，也要心静如水，超然万物，不要被浮华所累。苏辙很喜欢这种"超然"的境界，于是将此台命名为"超然台"。苏轼看后大喜，亲笔书写"超然台"三个大字于台上。

欲穷千里目，更上一层楼。自从超然台建好后，苏轼有空就喜欢来此登高望远，寄情抒怀。在这里，他可以眺望故乡，慨叹"休对故人思故国，且将新火试新茶。诗酒趁年华"。他也可以思考福祸相依的哲理，顿悟"夫所为求福而辞祸者，以福可喜而祸可悲也"。

1076年中秋，苏轼在超然台与亲朋好友欢饮达旦，酩酊大醉后，还不忘拜托月亮向千里之外的弟弟寄托深深的祝福。

密州虽然偏僻、穷苦、寒冷，但也是自由的、安静的、舒心的。只可惜天天忙于政务，都没时间去看弟弟，本想近水楼台先得月，怎奈隔山相望难相逢。苏轼无奈地看着天上那轮玉盘似的满月，不禁心生一丝怨意："咱俩之间平时关系也不错啊？你怎么偏偏在我和弟弟分离时变得这么大、这么圆，仿佛故意在和我们作对似的，不应该啊！"月儿微笑不语，轻轻摇头。苏轼长叹一声："人有悲欢离合，月有阴晴圆缺，这是天意，自古难周全，也不能全怪你啊！"月儿不好意思地点了点头，目光中又多了几抹温柔。

海上生明月，天涯共此时。弟弟此时应该和家人在一起赏月，也会想念我这个七年未见的老哥吧？与其为分离而愁眉不展，不如为相聚而翘首企盼。想到这里，心空中的浮云散开，一片清澈明朗，苏轼乘兴挥毫，一首光耀千古的《水调歌头》就这样诞生了。

丙辰中秋，欢饮达旦，大醉，作此篇，兼怀子由。

明月几时有？把酒问青天。不知天上宫阙，今夕是何年。我欲乘风归去，又恐琼楼玉宇，高处不胜寒。起舞弄清影，何似在人间。

转朱阁，低绮户，照无眠。不应有恨，何事长向别时圆？人有悲欢离合，月有阴晴圆缺，此事古难全。但愿人长久，千里共婵娟。

苏轼借月抒怀，对宇宙、对人生发出了疑问，对仕途的不顺感到悲凉，对人生的不完满表达了遗憾，而思来想去，最终获得了释然与超然。

人生不如意事十之八九，常想一二，不思八九，方可事事如意。喜与忧全在一念之间，心盛明月，天地光明。

在密州，苏轼与天斗、与地斗、与虫斗，忙碌不停，甘苦皆知。然而密州也只是人生的一处驿站，为官三年，他又要像蓬草般飘向远方。而这一次，他将由北向南，飘至江苏徐州去做知州。

天涯流落 思无穷

"爆竹声中一岁除，春风送暖入屠苏。千门万户曈曈日，总把新桃换旧符。"转眼间又来到了一年的除夕，家家户户忙着杀猪宰羊，贴春联，放爆竹，热热闹闹过大年。

而此时的苏轼，却带着家人在风雪中赶路。刺骨的冷风穿透他的棉衣，冰冷的白霜结满他的眉毛、鬓角和胡须，他像一个行走的雪人。

这些年，苏轼不是走在任职的路上，就是任职中为人民而奔走。他不知道路之尽头是什么，也不知道每条路有多遥远，多坎坷。他只知道：走下去，自会遇到光！

熙宁十年（1077年）的暮春时节，40岁的苏轼风尘仆仆地赶到了徐州，开启了自己的不惑之旅。

江苏徐州是华夏九州之一，古称"彭城"，是彭祖文化的发源地，也是汉高祖刘邦的故乡，有"楚韵汉风、南秀北雄"之美誉。徐州人以楚汉雄风自豪，但也以黄河决口为心患。因为徐州当时正处于古黄河道上，连年饱受黄河水患。每当有人敲着刺耳的锣声，喊着"黄龙来了"时，百姓们就会赶紧跑到山上避难。地方官吏常常束手无策，每当"黄龙"来时，只能眼睁睁地看着良田和家园被洪水淹没。

苏轼来到徐州不久，正赶上七月的雨季，黄淮地区连降暴雨。这一次黄河又在距离徐州城50里外的曹村决口，滚滚黄河水沿着汴河河道呼啸而来，徐州很快就会变成一片汪洋。有人劝苏轼带着百姓们去云龙山避难，苏轼却认为与其消极地躲避，不如想办法治水救城。但一些富人却早已如坐针毡，带着大量的金银、携着家眷要求打开城门去外面避难。苏轼闻讯后一皱眉：如果富人们出城避难，必定会让百姓恐慌，纷纷四散奔逃，那么徐州城就更难保了。于是，苏轼下令官兵们严守城门，不能让人随意出入，富人们也被驱逐回城内，和太守、士兵、百姓一起并肩作战。

苏轼一方面让百姓准备簸箕和铁锹，用土石和刍茭等堵塞城墙空隙，加固城墙，阻遏洪水灌入城内；另一方面又组织5000名民工抓紧时间在徐州东南角筑起一道"首起戏马台，尾属于城"的300丈的长堤。

苏轼在城墙上搭建一个简易帐篷，天天不回家，和人们同吃同住，大家一看有太守亲自坐镇，干劲和信心就更足了。军民奋战共45天，终于让洪水猛兽掉头而返，徐州城转危为安。

为了犒赏大家，苏轼还把自家做的红烧肉赠给抗洪的百姓，这可是苏轼的"独门绝技"！百姓们一尝，这肉做得肥而不腻，香酥甜美，更何况是太守亲自指导家人所做，于是称其为"回赠肉"，这就是大名鼎鼎的"东坡肉"的前身。

洪水过后，徐州百姓敲锣打鼓地庆贺，苏轼却未雨绸缪，向皇帝呈奏折请求征调夫役增筑徐州旧城长堤，以防洪水再来袭击。皇帝看了他治水的奏章后对其十分钦佩："没想到苏轼不仅文章写得好，杀虫、求雨、打井、治水都样样在行，看来朕是小看他了！"于是欣然准奏。自此徐州城的堤坝越来越坚固，再也不怕洪水来袭。徐州后人为了纪念这座长堤，给它取名为"苏堤"。

苏轼留给徐州城的印记不仅有苏堤，还有黄楼。

1078年，苏轼花了半年的时间，在城东门挡水要冲处建了一座高10丈的二层高楼。因为五行金木水火土中水的克星是土，所以苏轼让人将此楼涂成土黄色，取名为"黄楼"。

黄楼虽不及武汉黄鹤楼高大，也不如湖南岳阳楼壮观，却也气势恢宏，苏轼的弟弟苏辙和弟子秦观都写过《黄楼赋》，用来记述苏轼治水的艰辛不易和黄楼的宏伟气派。

苏轼喜欢黄楼，也喜欢云龙山。云龙山位于徐州城南，它并不高，海拔只有142米，但很长，绵延3千米。山分为九节，就像一条巨龙昂首摆尾出没于云天之间，所以名为"云龙山"。

云龙山里住着一个隐士，名叫张天骥，字圣涂，自号云龙山人。这个人很有趣，性情孤傲，不爱世俗，效仿"梅妻鹤子"的林逋，隐居在山水间，养两只仙鹤为伴。他还在山上建了一个亭子，天天对着青山白云把两只仙鹤放飞苍穹，让其天高海阔地任意逍遥，晚上时不必呼唤，它们自会相伴归来，所以此亭又名"放鹤亭"。

苏轼曾带着一些宾客朋友来到云龙山游玩，偶遇张天骥，发现其仙风道骨，与众不同，遂结成好友。两人一起谈诗论道，饮酒放鹤，苏轼作《放鹤亭记》寄托了自己厌倦仕途、渴望归隐的思想。

鹤飞去兮西山之缺，高翔而下览兮择所适。翻然敛翼，宛将集兮，忽何所见，矫然而复击。独终日于涧谷之间兮，啄苍苔而履白石。

鹤归来兮东山之阴。其下有人兮，黄冠草屦，葛衣而鼓琴。躬耕而食兮，其余以汝饱。归来归来兮，西山不可以久留。

苏轼对云龙山情有独钟，在徐州上任24个月，曾10次登上云龙山。在这里他可以醉心山水，放下得失，与友人共醉，与众宾同乐，笑看花开花谢，卧观云卷云舒。

在百姓心中，苏轼是位很可爱的太守。他平易近人，温和友善，可以和他们打成一片。

苏轼来徐州的第二年春天，又是一个旱年。农民们着急种春小麦，于是纷纷跑到山上求雨。苏轼于是带着大家来到石潭村求雨。或许天神就是喜欢给苏轼面子，所以很快就天降甘露，老百姓拍手称快，而苏轼为感谢天神，再次来到石潭村来谢雨。

谢雨和求雨一样，都是满满的仪式感，敲锣打鼓，焚香祭拜，桌案上摆放着许多点心和供果，香味飘飘，引来不少鸟儿在半空中久久盘旋，也想要分享一二。

老百姓们一听说太守要来谢雨，也兴奋得像要过年似的。老人、小孩都跑到村头，连平时在家里忙着养蚕、织布的女孩子们也换上新衣裙，梳妆打扮得漂漂亮亮的出来凑热闹。大家既是来看谢雨仪式，又想看看太守的样子。

苏轼虽出生在富裕家庭，但其祖父喜欢和穷苦百姓打成一片，苏轼继承了祖父的遗风，也喜欢深入到农民之中，和他们下下地头，看农田的长势；聊聊家常，了解庄稼人的心声。

春末夏初，正是蚕茧丰收的好时节，家家户户都在煮茧，所以满村子都飘着诱人的香味。有的老人把新收的麦子磨成面粉，做成各类面食，还没等吃到嘴里，仅闻着浓浓的麦香就足以馋得要流口水了。

苏轼在谢雨的路上，看到了乡间美景，感受到风土人情，兴致大发，一连写了五首《浣溪沙》，从不同的角度生动又细腻地描绘了真实的乡间风景和农家生活，语言质朴清新，画面感十足，满是田园情趣。他在自序说："徐门石潭谢雨，道上作五首。"

《浣溪沙》（其四）：

籁籁衣巾落枣花，村南村北响缫车，牛衣古柳卖黄瓜。

酒困路长惟欲睡，日高人渴漫思茶，敲门试问野人家。

枣花籁籁落，缫车轧轧转，人们来来往往忙碌个不停。一棵古老的大柳树下，一位白发老翁穿着粗布衣服，大声叫卖："黄瓜，新摘的黄瓜，顶花带刺哟！"不知不觉到了中午，太阳过度的热情让人难以接受，人也困，牛也乏，谁也不想再赶路，只想在大树荫下躺下来美美地睡上一觉。苏轼一行人走了很远的路，也是又热又渴，但他没有让手下去打山泉水，也没有去买路边的嫩黄瓜，而是自己随意地叩响了一户农家的门："请问有人吗？天太热了，过路之人想讨一碗茶喝！"

寥寥数语，呈现在我们面前的是一幅生动立体的乡村风情画，有声有色，有情有趣，苏轼的一番言行，直接地气。

"伐薪烧炭南山中，满面尘灰烟火色。"徐州的冬天潮湿阴冷，煤炭短缺，老百姓烧炭取暖也不是一件易事。苏轼带着人们来到山上，到处寻找可以燃烧供暖的石炭（古代称煤炭为石炭），不仅解决了老百姓缺少燃料的难题，还将其用于冶铁，打造农具和兵器，促进了手工业和军工业的发展。而后徐州成了全国闻名的煤城之一，苏轼作为当地煤炭开采第一人，造福子孙后代功德无量。《石炭》诗的自序说："彭城旧无石炭。元丰元年十二月，始遣人访获于州之西南，白土镇之北，以冶铁作兵，犀利胜常云。"

"天涯流落思无穷！既相逢，却匆匆。"苏轼在徐州任职两年，为百姓做了太多的好事和实事。但元丰二年（1079年）他又被皇帝派到湖州去做太守，离别时百姓万人相送，甚为壮观。苏轼也舍不得徐州的百姓，一路挥毫连作《江城子·别徐州》等九篇诗文，足可见对徐州的依依不舍之情。

此时的苏轼，还沉浸在浓浓的离愁之中，他做梦也没想到，在湖州等着他的不是阳关大道，而是万丈深渊。

乌台诗案

痛苦的背后是礼物，接纳人生中的每一次潮起潮落，亦可看到满眼灿烂星河。所谓祸兮福所倚，福兮祸所伏。

"苏湖熟，天下足。"湖州自古以来就是富庶之地，它因北临太湖而得名，有着2000多年的悠久历史。这里风景如画，物产丰富，是著名的"鱼米之乡""丝绸之府"，吸引八方来客。

苏轼，也是其中的一个。

只是他本以为从一个天堂到了另一个天堂，没想到因为一封奏折，竟惹来了杀身之祸。

苏轼与湖州十分有缘，一生曾五次来访。元丰二年（1079年）四月二十日，苏轼顺利到达湖州。来时正逢春旱，紧接着又是没完没了的雨，到了五月还是淫雨霏霏，庄稼因见不着太阳的笑脸愁得垂头丧气。于是苏轼去到卞山黄龙洞祈祷天晴。

经历了几次治水，苏轼已经是个经验丰富的水利工程师。

因为湖州在暮春时节久雨不晴，太湖水位不断上涨，甚至有农户的院子中都跳入了鱼蛙，所以苏轼戴着斗笠，披上绿蓑衣，一边去农户家了解受灾情况，一边带领百姓共同筑起一道抵御洪水的长堤，又名"湖州苏堤"。

上任三个月，苏轼就为百姓做了大实事，因此赢得了民心。只是当苏轼想在湖州大干一场时，京城里却躁动起来。他呈给神宗皇帝的《湖州谢上表》，被一些朝中大臣发现"把柄"，于是纷纷联手向皇帝弹劾苏轼。

王安石罢相退隐后，御史何正臣成了变法派的新头目，当他看到苏轼的奏折中赫然写着"陛下知其愚不适时，难以追陪新进；察其老不生事，或能牧养小民"时，气愤不已，认为苏轼用暗语讥刺朝政，立即上表弹劾苏轼："陛下，苏轼这几句话分明是说他对变法之事意见很大，对您让他去湖州上任心怀怨言啊！"御史中丞李定等人也随声附和，煽风点火。

李定当年因父亲去世，不守丁忧，被苏轼大骂不孝。这次为了报仇，他专为苏轼罗列了四大罪名："怙终不悔，其恶已著；傲悖之语，日闻中外；言伪而辩，行伪而坚；肆其愤心，公为诋訾。"意思是苏轼明目张胆地作恶，口出狂言，巧言狡辩，行为虚伪，公然发泄私愤和不满，从思想到言行都很有问题，这样的人必须一查到底。

神宗听后勃然大怒，命台吏皇甫僎（一作遵）携带吏卒赶往湖州带苏轼回京问话。

苏轼不知道自己将大难临头，还美滋滋地品着吴兴酒、吃着太湖鱼呢！幸亏驸马王诜听说皇上要捉拿苏轼问罪，心急如焚，忙偷偷派人给正在南京做幕僚的苏辙通风报信。苏辙一听兄长有难，忙叫人快马加鞭地告诉兄长提前做好准备。而此时的皇甫僎等人也日夜兼程，双方都在与时间赛跑，只有苏轼还蒙在鼓里。

幸好皇甫僎的儿子因为腹泻在润州耽搁了半日，苏辙的亲信才有机会早到一步告诉苏轼大事不妙。苏轼被吓得不知所措，躲在房间里不敢出来，连是否要穿官服都要问通判。皇甫僎等人很快就怒气冲冲地赶到，吵吵嚷嚷，态度十分嚣张："大胆苏轼，竟然敢写诗讽刺变法，与天子作对，有辱圣恩。来人啊，拿下！"苏轼不敢反抗，只好任由他人推推搡搡，被拽出了府衙。

看到苏轼被抓，百姓们纷纷落泪，而孩子们也哇哇大哭，妻子王闰之被吓得不知所措。苏轼看着号啕大哭的妻子，轻声问道："你能不能学杨处士的妻子也作诗送给我啊？"王闰之哭中失笑，苏轼这才放心离去。

苏轼《书杨朴事》记载了一则故事：曾经有个叫杨朴的才子很

会作诗，于是皇上请他现场挥毫，可他却说自己不会。于是皇上问他临行时是否有人送诗，杨朴说其他人没有，只小妾送了一首："更无落魄耽杯酒，更莫猖狂爱咏诗。今日捉将官里去，这回断送老头皮。"皇上一听哈哈大笑，把杨朴又放回去了。苏轼临行时问妻子可否送诗给他，也是让妻子放心，说自己很快就会回来。

《书杨朴事》文末说："余在湖州，坐作诗追赴诏狱，妻子送余出门，皆哭。无以语之，顾语妻曰：'子独不能如杨处士妻作一诗送我乎？'妻不觉失笑，予乃出。"

然而，苏轼并没有像杨学士那么幸运，王闰之没有作诗送他，皇上也没有打算放过他。

别看苏轼半开玩笑安慰妻子，其实心里也知道此行凶多吉少，曾两度想要跳水自尽，多亏身边的差役看管很严，让他轻生未遂——否则就不会有日后重新崛起的豪放大叔苏东坡了！

苏轼被捉走后，王闰之带着家人想要去投奔南京的苏辙，突然一队人马举着火把奔来，他们是奉御史台的命令来查抄书稿。收拾好的行李被扔了一地，凶神恶煞的样子把妇人和小孩吓得直哭。王闰之恼羞成怒，大声嚷嚷着："都是这些破书稿惹的祸，留着还有何用？"说着一把火把许多手稿烧成灰烬，长子苏迈苦劝无果，心疼不已。

苏轼于七月二十八日被捕离开湖州，八月十八日入京被关进御史台的监狱，两天后被正式提讯。

御史台属于古代中央监察机构，因为院中种着许多柏树，引来众多乌鸦在上面栖息，所以御史台又称为"乌台"。而案子又牵扯到苏轼的许多诗文，所以此案又叫"乌台诗案"，也是北宋史上最著名的文字狱。

苏轼最初入狱时，只是接受正常的审讯，还能从容应对，所以晚上仍可睡得安稳，鼾声如雷。但御史台怎么会让他总这么舒坦，连续40多天的恶语盘问，甚至严刑逼供，苏轼再是条硬汉也渐渐吃不消了，断断续续地承认和交代了自己的"罪行"。

御史台的官员断章取义，罗织罪名，找出他在诗词与书信中的一些语句，断定是反对变法、不满朝政的罪证。苏轼有口难辩，肉体和精神上都遭受着难以想象的折磨，只好违心承认。神宗闻讯后勃然大怒，在变法党人的怂恿下，判苏轼死刑。幸亏众大臣都冒死求情，苏辙更愿意用官职和前程来换取兄长的性命，王安石、太皇太后曹氏都亲自为苏轼求情："圣朝不宜诛名士。苏轼乃百年第一的才子，杀了他会有损于陛下的圣名，请陛下手下留情啊！"皇帝这才改变了主意，放他一条生路。

苏轼身陷囹圄时，每天都如履薄冰，战战兢兢。长子苏迈把王闻之等人安顿好以后，独自一个人来到京城打听父亲的消息，而苏辙也托老朋友上下打点。

苏迈每天去监狱送饭，但因有规定不能和苏轼见面，于是就相约了一个"暗语"：如果平安，就送肉和蔬菜；如果判了死刑，就送鱼。一天，苏迈有事烦劳一个亲戚送饭，亲戚不知原委，特意做鱼为苏轼改善伙食。当苏轼打开食盒，一看竟然是鱼，顿时心灰意冷，泪如雨下，写下两首诀别诗送给弟弟子由。

《狱中寄子由二首》（其一）：

圣主如天万物春，小臣愚暗自亡身。

百年未满先偿债，十口无归更累人。

是处青山可埋骨，他时夜雨独伤神。

与君世世为兄弟，更结人间未了因。

当狱卒把苏轼的诗转呈给神宗时，神宗读罢也黯然神伤，久久不语。神宗本来就很爱惜苏轼的才能，又有这么多人为他求情，于是在十二月二十六日下诏，贬苏轼为黄州（今湖北黄冈）团练副使，为期130天的"乌台诗案"终告结束。苏轼及家人喜极而泣，跪在地上谢主隆恩。

苏轼虽然大难不死，但却连累了诸多好朋友，其中最倒霉的要数驸马王诜。他因私自通风报信而被审讯，又因和苏轼有大量书信往来而受牵连，最终丢了官职被贬到均州（今湖北丹江口），直到七年后公主病重求情，皇帝才让他复任归京。苏轼的好友王巩被发配到了西南，弟弟苏辙被降职到筠州（今江西高安）做酒监。老友张方平、司马光、范镇等人，也都被罚了20～30斤不等的红铜。

这一场文字狱让几十位官员都受到不同程度的牵连和惩罚，苏轼对此羞愧不已，怨自己当时年轻气盛，说话、写诗随心所欲，丝毫不计后果，结果让小人抓住了把柄，不仅自己差点掉了脑袋，还让一群老朋友都跟着受罚！

"乌台诗案"是苏轼经历的最大的一场劫难，也是他人生的重要转折点。不惑之年，他从高处跌落尘埃，伤痕累累，今后又该如何面对未知的风霜雪雨，他的心中也没有一个清晰的答案。

瑟瑟寒风中，一个枯瘦的身影在月下独自徘徊，或许只有这轮月可以慰藉他的心灵，读懂他满腹的悲凉……

其实"乌台诗案"的根本缘由还是王安石变法。由于与王安石政见不合，苏轼要求外任，先后在杭州、密州、徐州等地任通判和知州。他每到一处，都十分关心百姓疾苦，多方兴利除弊，希望有所作为。他既然能体察民情，所以对王安石变法实行过程中出现的问题也就看得比较清楚，如朝廷放贷的青苗法、两浙路严苛的食盐专卖法、鼓励人告密的手实法等，苏轼都极为反感，于是便形诸吟咏，对新法实行过程中出现的弊端进行批评和讽谏，这才有了"乌台诗案"。

　　另外，早在"乌台诗案"前，就有人把苏轼作诗讽刺新法一事举报给朝廷了，这个人就是他的朋友沈括。熙宁六年（1073年），沈括以检正中书刑房公事的身份到浙江巡查新法实行的情况，看到苏轼的诗稿，认为涉嫌诽谤朝政，便随手拈出一些上呈神宗。沈括这个人，曾笑话杜甫写古柏的诗句"霜皮溜雨四十围，黛色参天二千尺"，说"四十围，乃是径七尺，无乃太细长乎"，可见他是不太懂诗的，所以，他的意见当时未特别受重视。

第三章

寄蜉蝣于天地，渺沧海之一粟

我们终会明白世间万物的规律：生命的长度不过春夏秋冬，远行的路程不过东南西北，人生的事情无非悲欢离合！

谁见幽人 独往来

1080年大年初一，在热热闹闹的鞭炮声中，苏轼和长子苏迈在差人的押解下离开京城，顶风冒雪向黄州进发。

走着走着，苏轼不禁想起一年前的今天。那时他正和家人途经潍州，除夕夜漫天大雪，潍州红装素裹分外妖娆，与白雪交相辉映。而今又逢新年伊始，自己却以一个犯官的身份被人一路看押行至黄州，心中五味杂陈。

黄州位于现在的湖北省黄冈市，东临巴水，西南连长江。这里不及杭州的美丽多姿，也不及湖州的丰饶富有，更不及密州的地域辽阔，就是一个小地方，偏僻而荒凉。苏轼一声长叹："唉！这回从天堂一下子跌落到井底啰！"

苏轼在黄州以检校尚书水部员外郎充任黄州团练副使，可理解为代理的黄州民兵副队长，说白了就是一个有名无实的闲差。再加上苏轼是戴罪之身，不发俸禄，不能签署公文，没有官房可安居，也没有公费的一日三餐可饱腹。这下苏轼就像个可怜的流浪汉，吃住都成了难题，只好寄居在山间的一座旧庙——定慧院。

定慧院并不是什么千年古刹，而是建于晚唐时期的普通小寺庙，香客不多，香火也不旺，因为年久失修，还相当破败。院中僧人也少，除了诵经声和钟声每天按时响起，平时都别样安静。苏轼常把自己一个人关在禅房中，对着墙壁反思：为何我会遇到如此劫难？我到底错在哪里？我真的错了吗？……

他看着窗外扫地的僧人，不由得又想起当年写给弟弟的诗句："人生到处知何似，应似飞鸿踏雪泥。泥上偶然留指爪，鸿飞那复计东西。"苏轼忽然发现，原来自己就是那只沦落在雪泥中的飞鸿，翅膀已经受伤，无法再展翅蓝天，只能在这寒冷的雪地里留下一行行凌乱又孤寂的足迹。这就是自己的命，躲也躲不掉。

此时的苏轼似乎患上了严重的抑郁症，终日失眠焦虑，惶惶不安，稍有风吹草动就吓得浑身颤抖，仿佛御史台的人又要把他捉回大牢似的。他不愿意和外人交流接触，有人前来拜访问候都委婉拒绝，连亲朋好友寄来的书信也不敢回复，书信想烧掉又舍不得，提起笔似有万斤重。乌台诗案给他留下了太多的心理阴影，他怕见人，怕写字，怕说错话，怕哪一个不小心成为他人加害自己的把柄……

一个清冷的夜晚，一轮残月斜挂在梧桐树的枝杈上，似乎在躲避着什么，苏轼夜不能寐，披着衣服在院中一个人拄杖漫步，瘦瘦长长的影子在微弱的月光下踯躅。他表情凝重，也很悲痛，脚也似绑了千斤重物，走得艰难和迟缓。苏轼感觉自己就像一只脱离群体的孤鸿，在夜色中扇动着受伤的翅膀，绕着树丛飞了好几圈，却无枝可依。

走着走着，苏轼的眼泪无声地落了下来，满腹的委屈不知向谁倾诉。

《卜算子·黄州定慧院寓居作》：

缺月挂疏桐，漏断人初静。谁见幽人独往来，缥缈孤鸿影。

惊起却回头，有恨无人省。拣尽寒枝不肯栖，寂寞沙洲冷。

黄鲁直跋云："东坡道人在黄州时作。语意高妙，似非吃烟火食人语。非胸中有万卷书，笔下无一点尘俗气，孰能至此！"

大多数人眼中的苏轼，一直都是乐观豪放的，几乎不知愁为何物，但这首词让我们看到了苏轼真实的另一面。原来，他也会惊慌，也会忧郁，也会彷徨。"拣尽寒枝不肯栖，寂寞沙洲冷"最后两句，又让我们看到了他的心志，宁愿孤守清寒落寞也不愿随波逐流。

幸好这种孤独寂寞的状态并没有将苏轼包围太久，家人的到来让他的生活恢复了往日的生机。定慧院只是他一个人暂时的容身之所，不适合拖家带口地居住，而苏轼又没有钱买房置地，幸好有黄州太守徐君猷相助，一家人暂时都搬到临皋亭住下。

临皋亭本是一处废弃的驿站，虽然适合赏景，但是因临江太近，屋子一年四季阴冷潮湿，霉味十足，和杭州等地的住处相比简直是云泥之别。家人也是有苦难言。

"三年清知府，十万雪花银"，可苏轼一不贪，二不占，又喜欢请朋友游山玩水、喝酒吃肉，花钱大手大脚，所以家里并没有太多积蓄。而今一下子失了业，断了经济来源，所存银两加一起只能维持一年有余。

但苏轼有办法，他设计了一个有效的理财计划：每月的花销限额为4500文铜钱，月初时将这些钱分成均等的30份，用绳子串好高挂在屋梁，每天只取一串（150文）作为当日花销，如有剩余就存在一个大竹罐里，攒到一定数额也可以用来买壶酒款待朋友。

生活总是给苏轼不断施加痛苦和压力，这一年寒食节，春潮汹涌，家里成了"水上乐园"，王闰之眉头紧皱，苏轼叹气连连。

《寒食雨二首》（其二）：

> 春江欲入户，雨势来不已。
>
> 小屋如渔舟，蒙蒙水云里。
>
> 空庖煮寒菜，破灶烧湿苇。
>
> 哪知是寒食，但见乌衔纸。
>
> 君门深九重，坟墓在万里。
>
> 也拟哭途穷，死灰吹不起。

清明时节雨纷纷，江水暴涨，漫上堤岸把苏轼住的临皋亭差点淹没。小屋就像大江中的一叶小舟，在风雨中飘摇，笼罩在茫茫水雾中不知何时就会变成一粒微尘。屋子本就潮湿，而今又变成了水帘洞，厨房里的柴薪都难以点着，孩子饿得"哇哇"直哭，王闰之抱着孩子一边柔声安慰，一边也无奈地掉着眼泪。

苏轼远眺眉山的方向，不由得一声长叹："唉！又到寒食节了，今年又不能回家祭祖，不知老家的人能不能替我多上几炷香！"想到这里，心又如死灰一般阴冷，凄凄冷冷戚戚……

苏轼有一个朋友叫张怀民，元丰六年（1083年）也被贬到黄州，寄居在承天寺，二人常在一起谈诗论道，堪称知音。

初冬的一个夜晚，苏轼本想脱衣就寝，但皎洁的月光照进屋中，仿佛在地面铺上一层银色的细沙，分外闪亮。苏轼雅兴大发，高高兴兴地跑到院中赏月，又觉得一个人太孤单，于是去承天寺找张怀民。恰好张怀民也没有睡，二人一起院中漫步。

《记承天寺夜游》：

> 元丰六年十月十二日夜，解衣欲睡，月色入户，欣然起行。念无与为乐者，遂至承天寺寻张怀民。怀民亦未寝，相与步于中庭。庭下如积水空明，水中藻、荇交横，盖竹柏影也。何夜无月？何处无竹柏？但少闲人如吾两人者耳。

月光如水，清澈透明，在院中形成一汪亮闪闪的水潭，而潭中还有许多水草漂荡——原来是松柏斑驳的影子在轻轻摇动。

苏轼看了看天上的月亮，又看看脚下美丽奇幻的月影，感慨地说："怀民，多么美丽的月夜啊！怎么就我们两个人欣赏呢？"

张怀民笑言："老兄，有几个人会像你我二人大半夜不睡觉，有闲心跑到外面看月亮啊！"

苏轼看着他:"闲心?是啊,我就是太闲了!终日无所事事,朋友也少得可怜,话也不敢多说,只能和月亮聊聊天。"

张怀民拍了拍他的肩膀:"也别这么说,你不是还有我吗?"

苏轼一笑。

张怀民并没有一直寄居在承天寺,之后自己盖了几间小草房,苏轼有空常去他家做客,聊天饮酒,一起写诗词发牢骚。

《南歌子·黄州腊八日饮怀民小阁》:

> 卫霍元勋后,韦平外族贤。吹笙只合在缑山。
> 闲驾彩鸾归去、趁新年。
>
> 烘暖烧香阁,轻寒浴佛天。他时一醉画堂前。
> 莫忘故人憔悴、老江边。

和苏轼相比,张怀民的运气可要好多了,元丰六年(1083年)十二月,被贬黄州不到一年就可以回京受命,让已蜗居黄州四年的老苏羡慕不已。腊八节那天晚上,苏轼跑到张怀民家喝酒并写词赠好友,这首词最后三句的言外之意则是:"苟富贵,勿相忘!"

且将新火试新茶

1081年春天，苏轼在好友的帮助下，在城东一片废弃的荒坡上叩石垦壤，开荒种地。荒地到处都是荆棘瓦砾，当时又持续干旱，土地僵硬，开垦起来十分吃力。苏轼是文人出身，从小衣食无忧，每天都有人伺候，哪干过这么辛苦的体力活，不到一个时辰就汗流浃背，手掌也磨出水泡。一上午过去了，大家都累得筋疲力尽，大汗淋漓，只有苏轼还兴致勃勃——眼前的这片荒坡，就是他新生活的开始。

苏轼的偶像是唐代著名诗人"乐天居士"白居易。白居易被贬忠州刺史期间，曾写了两首名为《东坡种花》的诗，而苏轼所开垦的这片坡地恰巧也在城东，所以就将此地取名"东坡"，还自封了一个雅号——"东坡居士"。

因为土质不好，所以苏轼在地里种了许多大麦，又向邻居家要来了一些树苗，托人从老家带来了各式菜籽，同时又在角落处筑水坝，建鱼池。他站在东坡上，想象着树绕田园、水满陂塘、大麦飘香、菊花金黄的景象，不觉也欣欣然，陶陶然，干起活来也并不觉得累。

转眼春去秋来，庄稼成熟了，苏轼收获了20多石大麦。但因为市场粮价较低，卖不上好价钱，正好家里的粳米已经吃尽，他就让人把大麦去壳煮饭吃。

大麦不如大米口感松软，咀嚼在嘴里富有弹性，两个小儿子开玩笑地说："父亲，这米饭吃起来像是嚼虱子。"

苏轼笑着说："口感虽不佳，但也可以填饱肚子哟！"

过了几天，东坡又想改良一下做法，于是让厨子把大麦和赤小豆放在一起煮，这样一来大麦淡淡的糙米味就被浓浓的红豆香覆盖，吃着还略带一点香甜。

孩子们吃得津津有味，夫人王闰之笑着说："这是老爷的新发明——新式二红饭！"

苏轼对吃十分在行，被誉为"美食家"绝不为过。

黄州盛产猪肉，但因价钱太便宜，富人们不肯吃，而肉又太肥腻，穷人不会烹煮，所以很少人食用。苏轼想起了自己在徐州做的独门绝技——"回赠肉"，于是在原有做法的基础上进行了适当改良，用不冒火苗的虚火来慢慢煨炖，这样做出来的红烧肉更加鲜香软烂，入口即化，且汤汁浓郁，让人回味无穷。苏轼把这种做法编入歌谣《猪肉颂》，从此，"东坡肉"名扬天下，至今都让人垂涎三尺。

　　净洗铛，少著水，柴头罨烟焰不起。待他自熟莫催他，火候足时他自美。

　　黄州好猪肉，价贱如泥土。贵者不肯吃，贫者不解煮。早晨起来打两碗，饱得自家君莫管。

苏轼除了爱吃东坡肉，也爱吃当地的一种油炸饼。

一天，他受黄州西山灵泉寺的和尚邀请去做客，和尚们特意做油炸饼给他吃。苏轼看着手中这淡黄色的小饼，轻薄如纸，玲珑剔透，仿佛用象牙雕刻似的，简直爱不释手。轻轻咬上一口，但觉油而不腻，甜香酥脆，齿间留芳，不由惊叹道："口感极妙！我也吃过杭州、徐州等各地的酥饼，都不及此饼香脆可口。不知其妙在何处啊？"

一边的和尚笑着回答："寺中有四眼泉，泉水清冽，味道甘甜，取四泉之水和面做此饼，所以口感与众不同。"

苏东坡忍不住连声赞叹："妙哉！此饼具四井之精华，难怪如此美味，妙哉！"于是挥毫墨，现场画了一个同样的小饼，并题上

"东坡居士"四个字。从此，此饼就叫"东坡饼"，成了灵泉寺、定慧院、承天寺等地必备的斋品。后来"东坡饼"又流传到民间，和"东坡肉"一样四海闻名。

不知不觉，苏轼在黄州住了两年，渐渐习惯了这里的生活，想将此地当作自己的养老之所。可是临皋亭又潮又小不宜久居，于是他打算在东坡上盖几间房屋。

1082年初，苏轼在东坡下面的一片平地上精心设计并修建了五间泥瓦小屋。因为当时正逢天降大雪，他画兴大发，在正堂的墙壁上也画满了皑皑白雪，并给小屋取名为"雪堂"。

在雪堂里，无论是坐是卧，四周墙壁皆是"雪"，仿佛置身雪乡。一日，苏轼有种飘然若仙的感觉，正要凌空飞起，没想到被什么东西撞了一下又弹了回来，揉揉眼睛，发现自己还躺在雪堂的榻上，只是头有点疼，一摸还凸起了一块。原来，他刚才做了一个梦，结果他的脑门与墙壁亲密接触了一下，撞了一个大包。苏轼轻轻地揉揉额头，翻身坐起穿好鞋子，又站在屋子中间看雪，想起了柳宗元的"孤舟蓑笠翁，独钓寒江雪"，不知不觉沉浸于孤独与苍茫合二为一的境界……

还有一天，一位从远方来的宾客因路过黄州，特意来访。苏轼又惊又喜，拉着他的手热情地寒暄："仁兄，好久不见，别来无恙啊！"

客人点了点头："还好还好，只是见子瞻兄脸色发暗，身形瘦弱，是不是贵体欠安啊？"

苏轼笑道："身体无恙，只是去年开始在这东坡开荒种地，整日风吹日晒，自然黑瘦了许多。但幸好所种粮食、蔬菜可以填饱一家人的肚子，子瞻虽苦犹甜啊！"

苏轼带着客人参观自己的田园，但见地里种着许多大麦，田间绿油油的一片，蒜苗、莴苣、韭菜等长势都很不错，路边还有许多野菊花随风轻摆，远处闪闪的似是水塘泛波。客人看了频频点头，很羡慕这种农家乐的生活。

而后客人又随苏轼来到雪堂，二人就如何能冲破世俗的藩篱羁绊、获得真正的逍遥自在为话题，展开了热烈的讨论。

客人说："什么称得上是藩篱羁绊？功名利禄，阴阳寒暑，仁义道德？错错错，这些都称不上。真正能束缚住我们的，不是这些外在浮云，而是我们的想法。你这样做就是用雪堂之景让自己心静，但并不能达到真正的超然境界。"

对此苏轼有不同看法："我的所作所为，只求内心自在如意，哪有你想的那么复杂？我搭建雪堂，就是想把远景都收到近处，站在堂中就可以领略天地万物之神奇。能悟到这种奥妙的人，一进此屋必觉寒气逼人，心中烦闷也会一扫而光，既不会担忧权势者的讥讽污蔑，也不会为贫苦疾患而忧愁，怎么能说我的心会被雪屋所累呢？"

客人听了很赞同，苏轼又说："老兄，你是身在福中不知福，所以说的都是上策。而我是从鬼门关里逃出来的人，所以说的都是下策。我可以做到你说的那些，你却做不到我这个样子。就像你平时穿的是绫罗绸缎，吃的是山珍海味，我要是给你换成鹿皮帽子、糙米糠秕，你一定不高兴，还可能会骂我太寒酸，待你不礼貌哩！"

客人哈哈大笑："嗯嗯，有道理啊！"

苏东坡伸出双手在屋中转了一圈："天大地大，众生芸芸，各自忙碌不堪。而我穿着布衣草鞋，白天在田间种地，晚上在雪屋饮酒，一天虽劳碌困顿，心里却怡然自得。我不是想避开世间万物，只是想躲避官场上的玄机。我所追求的适然，不仅在雪屋之内，更在天地之间。日升月落，花开蝶舞，万物皆可爱，心静亦超然！"

友人拍手称妙："没想到世间还有你这样拥有大智慧的人！今日听君一席话；让我也茅塞顿开！"

苏东坡也笑着说："不敢当，仁兄一番言论也很有深意！"

二人坐下来一边品茶，一边看着这满屋的白雪，聊着天地万物之奇闻趣事，朗朗的笑声从小屋里传出，在东坡上回荡，化作清清爽爽的风，吹动天际的云朵，时卷时舒……

日暮时客人告辞而去，苏东坡与其拱手而别。夕阳下的远山，被染成淡淡的橘红色，苏轼心中不觉萌生一片温暖，回到雪屋中也并不觉得清冷，随手又拿起一本书来读，不知不觉月亮又爬上了梧桐的枝头……

黄州虽小，雪堂虽陋，生活虽苦，苏轼却在这里吃得香、睡得稳，若闲云野鹤。此时，他早已放弃了"会当凌绝顶，一览众山小"的抱负，雪堂成了东坡居士心灵的乐土。

佛印和尚

众所周知，苏轼有一个好朋友，是个大胖和尚，名叫佛印。

有一天，他和佛印在林中坐禅，苏轼突然发问："大师看万事万物的眼光一定与众不同，不知在大师眼中，东坡像什么呢？"

佛印笑答："在贫僧眼中，苏施主的坐姿端正，气宇不凡，酷像一尊佛。"

苏轼一听心花怒放，又上下打量了一番佛印，半开玩笑地说："我看你胖乎乎肉嘟嘟，更像是一堆牛粪！"

佛印笑而不语，闭上眼睛，继续参禅打坐。而苏轼占了便宜，得意扬扬，回来还向自己的妹妹苏小妹炫耀此事。苏小妹听了以后不住地摇头："兄长啊兄长，你是聪明一世糊涂一时！佛家讲究心有所感，目有所见。佛印心中有佛，因而所见万物都是佛；你说大师是牛粪，说明你心中只有牛粪。还有什么好得意的？"

苏轼一听脸红得像火烧云，低头不语，转身离去。

佛印与牛粪的故事在民间流传甚广，只是真假有待考证。野史上有许多关于苏小妹和佛印的故事，但苏轼只有一个弟弟苏辙，而三个姐姐先后故去，所以苏家根本不存在苏小妹。

苏小妹虽是假的，佛印却真有其人。佛印比苏轼年长5岁，俗家姓林，字觉老，饶州浮梁（今江西景德镇）人，10多岁就出家做了和尚，号佛印。

宋神宗元丰年间（1078—1085年），佛印在润州金山寺（宋代又名龙游寺）坐禅时结识了苏轼，两人性情相投，都喜写诗论禅，交往甚密，互赠了很多诗。

佛印《题茶诗与东坡》：

穿云摘尽社前春，一两平分半与君。

遇客不须容易点，点茶须是吃茶人。

春社前的早茶稀少而珍贵，佛印忙碌半日也只采到一两，但他还是把茶叶分一半给好友，因为他知道，好琴需要知音听，好茶亦然。苏东坡既是知己，又是一位善于品茶的行家，这茶送给他再合适不过了。

来而不往非礼也，苏轼也给佛印写过许多有趣的诗，例如《戏答佛印》：

> 远公沽酒饮陶潜，佛印烧猪待子瞻。
>
> 采得百花成蜜后，不知辛苦为谁甜。

苏轼经常去金山寺散心。法远和佛印两位禅师为东坡破戒，请他喝酒吃肉，但这只是表象，他们是想借此告诉苏轼一个重要的道理：人活这一生，一定要懂得为自己而活，不要白忙碌一场！

"有花堪折直须折，莫待无花空折枝。"老朋友的良苦用心苏轼心知肚明。从此，他渐渐从灰色的阴影中走出，用山水涤荡内心，让日月照亮胸怀，活得越来越超然洒脱。

当1089年苏轼再赴杭州任职时，他特意去看望老友佛印。佛印当时正给僧人讲法，看见苏轼不请自来，开玩笑说："此间无坐处！"

苏轼一笑："那就借你的四大（佛家用语：地、水、火、风）做禅床吧！"

佛印一看苏轼班门弄斧，于是借机发问："山僧有一个问题，施主若能答上，我就给你传座；如果答不上来，就请把你的玉带解下来相赠。"苏轼一听也来劲了，满口答应。

佛印问他："既然四大皆空，五蕴非有，居士向哪里坐呢？"

苏东坡皱了皱眉，想了半天也不知如何作答，只好认输，解下腰中玉带赠给佛印，而佛印回赠他一件衲衣。

《以玉带施元长老，元以衲裙相报，次韵二首》（其一）：

病骨难堪玉带围，钝根仍落箭锋机。

欲教乞食歌姬院，故与云山旧衲衣。

而今，这条玉带与明代四大才子之一文徵明的手绘《金山图》等四件物品并称为金山寺"镇寺之宝"，而东坡与佛印的故事也被世人编成佳话代代相传。

归去来兮

东晋五柳先生陶渊明不为五斗米折腰，只做了80多天的彭泽县令就辞官隐居，并写下著名的《归去来兮辞》。在这篇600多字的文章中，陶渊明表达了归隐田园的生活情趣和洁身自好的高尚情操。

苏轼羡慕陶渊明，但又望尘莫及。他嘴里常说想要归隐田园，但总没有机会实现。一是他并不甘心真的就这样退隐，二是他的那些政敌也不会轻易地让他回家养老享清福。归隐对他来说，一直是个遥不可及的梦。

苏轼有一个好朋友叫巢谷，字元修，二人皆是眉山老乡。巢谷家里很穷，以种田为生，但为人豪爽仗义，又喜欢读书，和苏轼交往甚深。苏轼被贬谪到黄州，许多老朋友怕受其连累而不敢与其交往，巢谷却不怕，特意从老家赶到黄州看望苏轼，还随身带来了两个珍贵的宝贝。

一个是巢家独家培育的"野豌豆"，又叫"巢菜"，苏轼一高兴给它改名叫"元修菜"。这种豆子又高产又好吃，有了种子就不愁吃不到香甜的豌豆了。于是苏轼把野豌豆的种子种进土里，经一场秋雨的细细滋润后，田间很快就露出绿油油的小苗，野豌豆高高兴兴地在异地他乡生根发芽，开出可爱的小花。苏轼也很开心，特意写诗向好友报喜。

苏轼自云："菜之美者有吾乡之巢，故人巢元修嗜之，余亦嗜之。元修云：使孔北海见，当复云吾家菜耶？因谓之元修菜。余去乡十有五年，思而不可得。元修适自蜀来，见余于黄，乃作是诗使归致其子，而种之东坡之下云。"

《元修菜》：

彼美君家菜，铺田绿茸茸。

豆荚圆且小，槐芽细而丰。

种之秋雨余，擢秀繁霜中。

欲花而未萼，——如青虫。

当地人不太会种豌豆，但巢家掌握了种豌豆的方法和窍门，种出来的豆子又圆润又小巧，煮着吃又香又软——南宋时期大量人口南迁，巢家种植野豌豆的办法在江南广为流传，豌豆也成了百姓们爱吃的一道美食，后世诗人赞不绝口："味堪适口新巢菜，滑可流匙好蔗霜。"（清·张问陶《忆家园四首》）

巢谷带来的绿豌豆让苏轼的菜园增加了新品种，餐桌上有了新菜肴，但他还有一样宝贝，一开始却有点舍不得拿出来——专门治瘟疫的药方《圣散子方》。巢谷平时爱研究医术，这个药方对他来说十分珍贵，连亲生儿子都舍不得传。苏轼笑着说："这么重要的药方，你送给我吧，以防不测。"

巢谷说："给你可以，但你要对着江水发誓不可告诉他人。"苏轼满口答应。

没想到巢谷走后不久，黄州暴发了大面积的瘟疫，官府采取了许多措施仍无济于事。关键时刻，是苏轼挺身而出，顶着"失信"的骂名献出了药方，救了黄州的百姓。黄州人庞安时出身医学世家，他把苏轼献出的《圣散子方》编入《伤寒总病论》，将其永远地流传下来，对后世影响很大。

一个罪官，无房无职无工资，自身都难保，却在百姓最危难的时候挺身而出，置个人名声和安危于不顾，善心可见。

在黄州，苏轼变得越来越谦虚低调，除下重重光环，只把自己当作一个普通的罪官，一个靠种地为生的闲人。种地之余，时常和附近的老农一起聊天、喝酒，从没有大文豪的架子，非常随和与可爱。苏轼曾对自己评价，说："我上可陪玉皇大帝，下可陪乞丐，眼前没有一个不好的人。"

当地太守徐君猷非常欣赏和同情苏轼，所以对他格外优待，不仅给他空地开荒种田，还常请他一起吃饭喝酒。二人常去安国寺的竹林漫步，足迹满亭阁，笑声荡林樾。

徐君猷任期满，苏轼举杯相送，二人又受安国寺和尚邀请，为他们常饮酒的竹间小亭取名。苏轼想了想："那就叫遗爱亭吧！"这里所谓的遗爱，就是一个地方官离任后当地百姓还都会想念他。徐君猷听了不好意思地笑了笑："不敢当，不敢当！徐某也只是做了些应做的事情罢了。"

苏轼却认真地说："你为百姓做事，百姓看在眼里，记在心里，忘不掉的。"

老友巢谷来探望苏轼时，徐君猷也在苏轼的引见下和巢谷相识，三人互为好友。徐君猷想让巢谷为亭子作记，巢谷一皱眉："子瞻，我初来此地，人生地不熟，更何况荒废笔墨多日，恐难以完成使命，还是劳烦你替我写一个吧！"

苏轼笑应："好的。"于是提笔写下了《遗爱亭记》：

何武所至，无赫赫名，去而人思之，此之谓遗爱。夫君子循理而动，理穷而止，应物而作，物去而复，夫何赫赫名之有哉！

东海徐公君猷，以朝散郎为黄州，未尝怒也，而民不犯；未尝察也，而吏不欺；终日无事，啸咏而已。每岁之春，与眉阳子瞻游于安国寺，饮酒于竹间亭，撷亭下之茶，烹而饮之。公既去郡，寺僧继连请名。子瞻名之曰遗爱。时谷自蜀来，客于子瞻，因子瞻以见公。公命谷记之。谷愚朴，羁旅人也，何足以知公？采道路之言，质之于子瞻，以为之记。

苏轼表面上是写亭，实际上是写人，托物言志，语言质朴传神，让人亭合一，表达了对徐君猷政绩的赞美和人品的敬佩之情。

正是因为真性情，所以苏轼深深地感动了黄州的百姓，所以神宗元丰七年（1084年）四月，当听说苏轼将要离开黄州时，百姓和好友都舍不得他走，热情相送。

其实，在苏轼被贬黄州的四年间，宋神宗对于苏轼有一定程度的牵挂，甚至渐渐悟出，苏轼并无讥讽朝政的用心，即便有些反映民间疾苦的诗作让自己感到不快，那也不过是苏轼给予百姓的巨大同情，以及真性情的自然流露。

他甚至可能一度怀疑，自己对苏轼的惩罚是不是太重，从而内心生发出一定程度的愧疚感。

除去上述原因，苏轼被起用的另一个关键原因是，自1074年王安石罢相以后，神宗深切地感到朝内无人。加上祖母的话常回响于他的耳边，母亲高太后也特别关照苏轼，曾在私下里表示，一定要召苏轼还朝。

早在元丰三年（1080年）的九月，神宗就曾做出过起用苏轼的决定。在改革官制的前提下，决定任命司马光为御史中丞，苏轼为中书舍人，另有几个先前反对变法的旧臣各有任命。神宗特别对身处相位的王珪和蔡确强调说，这几位旧臣，虽然先前曾反对新法，但对朝廷从来都是忠心耿耿，不能永远废弃，现在朝廷上应该新旧人物一并起用，他们都是大宋朝的栋梁。

王珪和蔡确领旨，但各有自己的一番小心思。他俩深切地知道，如果这些旧党人物重新上台，可能对他们极为不利，甚至威胁到自己的地位。眼下他们要做的，不是逼迫皇帝收回成命，而是通过一些特定的行为，尽可能地转移皇帝的注意力，从而使这件事流于形式。

于是蔡确授意庆州知州俞充，上了一道《平西夏策》，利用当时西夏内乱有机可乘为借口，鼓动朝廷向西夏发动战争。而备受西夏骚扰之苦的神宗,觉得这是个报仇雪恨的难得机会,便果断下令,向西夏发动战争,不自觉掉入蔡确一伙预先挖好的坑里:因全身心都投入战争,便无心过问旧官的复出问题。

此后的一段时间,神宗又曾数次动议,欲提拔苏轼担任著作郎、修撰国史以及江州知州,皆因王珪和蔡确等人的反对而不了了之。身在黄州的不世出之才,处处遭遇小人反对,概因其日盛的文名以及先前反对新法的主张令小人们印象深刻。

万一苏轼被重用,于他们显然是大不利的事情。

但如此一而再再而三的阻挠,让神宗大为光火,出于效率的考量,他索性不再与宰辅们商量苏轼的起用问题。元丰七年(1084年),神宗利用皇帝拥有的特权,以"皇帝手札"下令,授苏轼"汝州团练副使、本州安置,不得金书公事"。

这个手札,透出微妙的几层意思:

其一,皇帝厌倦了王珪和蔡确等人的阻挠,动用了非常手段。

其二,神宗对苏轼的提拔和任用的态度,是相当明确的。

其三,朝廷上下于权力的争夺,从来不曾停止,未来仍有种种可能。

拿到皇帝手札之前所发生的种种，身居黄州的苏轼自然不知，他甚至已经下定决心，安居黄州，耕种田地，修身养性，终老此地。

待他拿到了手札，才猛然一惊，回过神来，当读到"人才实难，不忍终弃"的那一刻，他百感交集，热泪盈眶，原以为朝廷将自己忘得一干二净，哪知皇帝动用了手札这种非常的手段，且语气真诚、态度恳切。

虽短短数语，已令他倍觉温暖。

苏轼有一个好朋友叫杨元素，二人既是老乡又是同事，更是患难与共的好友。此时的杨元素正在湖北为官，听说苏轼将要去汝州，于是让当地人李翔（李仲览）去送行，并邀请苏轼出发后顺路到自己这里来坐坐。苏轼即将远行，前途未知，感慨万千，作词一首，字字句句流露着对黄州父老的不舍。

《满庭芳》：

> 归去来兮，吾归何处？万里家在岷峨。百年强半，来日苦无多。坐见黄州再闰，儿童尽、楚语吴歌。山中友，鸡豚社酒，相劝老东坡。
>
> 云何。当此去，人生底事，来往如梭。待闲看，秋风

洛水清波。好在堂前细柳，应念我、莫剪柔柯。仍传语，江南父老，时与晒渔蓑。

苏轼自从父母去世之后再也没有回过四川眉州，每到清明时节，只能远隔千山万水遥祭，而今人生已过半，还经历了生死之劫，余生漫漫，是否有机会回到家乡给父母、亡妻坟头上炷香，都是未知。

在黄州生活了四年多，苏轼一家早已习惯这里的风土人情，连两个小孩子苏迨和苏过都会唱当地的民歌。他们不知道什么叫罪官，什么叫流放，只知道东坡上的食物是父亲亲手种的，身上的衣服是母亲亲手缝的，临皋亭是他们的家，东坡则是他们的乐园。

少年不识愁滋味，苏轼而今却是尝尽人生无限愁。面对友人的问候和邀请，他心生酸楚，满腹悲凉。曾经以为"雪泥鸿爪"只是鸿鹄的偶然行踪，没想到，却是自己半辈子的足迹：要么不断地兜兜转转，四处奔波，居无定所；要么身陷荒凉之所，无人问津，壮志难酬。他也希望有一天能脱离羁绊，自在天涯，笑忘紫陌红尘事，闲看庭前二月花。

雪堂是苏轼的一方净土，在那里，他可与知音吟诵诗文，也可以一起眺望窗外远山，何等惬意。而今要离开，万般不舍。他恳请当地的父老帮他照看屋前的垂柳，不要让淘气的小孩子随意攀折，有空时再帮他浇浇花，晒晒蓑衣，有机会他还是要回来和大家一起欢聚的。

此时，苏轼的内心是矛盾的，官场的险恶他已经看得真切，可是皇命难违，更何况是戴罪之身。所以"归去来兮"只是一个梦，醒了以后，他还要继续赶路，风尘仆仆。他不知道以后能不能真的"归来"，但既然选择了远方，也只能风雨兼程。

有人说，黄州让苏轼换骨，东坡重生。正是因为有了乌台诗案，有了黄州生活的千辛万苦，才让苏轼乐呵呵地拄杖而来，也无风雨也无晴！

赤壁泛舟

明朝有个心灵手巧的人叫王叔远，曾用不到一寸长的桃核，刻了一艘精致的小舟。船头坐着峨冠长髯的苏东坡，佛印法师和苏轼的弟子黄庭坚分列左右，三人同看一手卷，神态自若。关上船舱的小窗户，还可以看见"清风徐来，水波不兴"和"山高月小，水落石出"八个黑色的小字。

这就是"大苏泛赤壁"的微雕版。

在今湖北省的长江两岸，有两处著名的、名为赤壁的地方，一处是位于湖北省东南部的赤壁市，三国时期周瑜率大军在此大败曹操，所以又叫"周郎赤壁"；还有一处位于黄州的西北部，石壁临江而立，陡峭高耸，呈红褐色，仿佛被烈火焚烧过似的，所以又称"黄州赤壁"。黄州赤壁虽然并不是当年赤壁之战真正的发生地，却因为苏轼在此写下两赋一词而名扬天下，故又称"东坡赤壁"。

宋神宗元丰五年（1082年）七月十六日，秋风送爽，皓月当空，苏东坡和几位朋友把酒言欢，泛舟黄州赤壁。

清风徐来，水波不兴。平如镜面的江水映着天上的月亮，水中月别样地明亮与圆润，让人难以分辨哪个是月，哪个是影。

苏轼高兴地举起酒杯，对朋友们说："人生得意须尽欢，莫使金樽空对月！今天我们一定要举杯畅饮，不醉不归！"朋友们也高兴地说："东坡居士请客，咱们一定要给足他面子，敞开肚皮喝！"

苏轼诗兴大发，随口念出《诗经》中《陈风·月出》一篇：

月出皎兮，佼人僚兮。舒窈纠兮，劳心悄兮。

月出皓兮，佼人懰兮。舒忧受兮，劳心慅兮。

月出照兮，佼人燎兮。舒夭绍兮，劳心惨兮。

其他宾客一听，也玩起了飞花令。有的说："海上生明月，天涯共此时。"有的说："举杯邀明月，对影成三人。"也有的说："露从今夜白，月是故乡明。"还有的吟诵起《春江花月夜》："春江潮水连海平，海上明月共潮生。滟滟随波千万里，何处春江无月明……"人们的欢笑声在江面沸腾，在水云间回荡。明月也被大家的谈笑声吸引，一边在夜空中漫步，一边侧耳聆听。江天一色，水汽浩渺，小船顺着水流任意东西，仿佛可以一路漂到天上，助人们羽化成仙。

苏轼喝酒吟诗正在兴头上，忍不住又敲着船舷打着节拍唱起歌来："桂棹兮兰桨，击空明兮溯流光。渺渺兮予怀，望美人兮天一方。"旁边的朋友杨世昌听罢，从怀中掏出紫竹箫管"呜呜"地吹起，为其伴奏。呜呜咽咽的箫声在江面回转，缠缠绵绵，如泣如诉，如思如哀……

苏轼一曲歌罢，放下酒杯，正襟危坐，脸色也变得凝重起来。他不解地问好友："你刚才还喝得那么开心，怎么一下子变得伤感，吹出如此忧郁的曲调？"

杨世昌告诉苏轼："曹孟德曾在《短歌行》中说过'月明星稀，乌鹊南飞'的话。赤壁不正是他被周公瑾打败的地方吗？当年他挥师南下，横槊赋诗，多么威武雄壮！可是后来又怎么样了呢？还不是在赤壁之战中惨败，在三国争霸中受挫，最终落了个老骥伏枥、为他人作嫁衣的下场。可悲可叹啊！"

苏轼默不作声，杨世昌则又说："一代代英雄出现，最终都化为累累白骨。我们这些凡人，和山中的樵夫、水边的渔民没什么区别，就像这沧海一粟，天地间一蜉蝣。人生苦短，终不能羽化成仙，与日月同在，与神仙共游。想到这些，怎能不让人遗憾伤感呢？"

苏轼沉思了一会儿，轻轻地摇了摇头："逝者如斯，不舍昼夜。但换个角度来看，江水无论如何奔涌，都不会枯竭，明月无论如何变化，都不会消失。事物有变化的一面，也有不变的一面，就像这天边的云、山间的风、林中的鸟、地上的花，似曾相识又完全陌生。万事万物都在不断地变化，可转瞬即逝，亦可永恒。变与不变中我们不必计较太多，尽情享受这大自然赐予的美好，才能不断体会到人生的快乐！"

杨世昌点头称是，脸上又重新浮现出喜悦的表情。苏轼说："来来来，我们继续高兴起来，会须一饮三百杯！"于是大家重新倒满杯中酒，觥筹交错，谈笑风生。很快，杯盘狼藉，大家也酩酊大醉，倒在一起，相互枕垫，但闻鼾声一片，随着波涛此起彼伏，不知不觉月落乌啼，东方拂晓。

壬戌之秋，七月既望，苏子与客泛舟游于赤壁之下。清风徐来，水波不兴。举酒属客，诵明月之诗，歌窈窕之章。少焉，月出于东山之上，徘徊于斗牛之间。白露横江，水光接天。纵一苇之所如，凌万顷之茫然。浩浩乎如冯虚御风，而不知其所止；飘飘乎如遗世独立，羽化而登仙……

《赤壁赋》有月之窈窕多姿，有风之清和舒爽，有江之茫茫碧波，有歌之黯然销魂。苏轼与朋友月下泛舟、饮酒赋诗，而后又主客对话、吊古伤今，让词的境界超越古今，纵横天地，深邃辽阔，高远莫测。

《赤壁赋》是苏轼变成东坡先生后的雄浑高歌，后世对此赋赞不绝口。苏辙之孙苏籀在《栾城遗言》中称赞道："子瞻诸文皆有奇气。至《赤壁赋》，仿佛屈原宋玉之作，汉唐诸公皆莫及也。"而清代张伯行则在《唐宋八大家文钞》中说："以文为赋，藏叶韵于不觉，此坡公工笔也。凭吊江山，恨人生之如寄；流连风月，喜造物之无私。一难一解，悠然旷然。"

时光如梭，转眼间秋去冬来。十月十五日这一天晚上，苏轼和朋友从雪堂出来，本想回临皋亭，可客人兴致未减。苏轼遗憾地说："唉！虽然月色撩人，可惜没酒没菜！"

一个客人说："我今天傍晚捕了一条大鱼，正好可以下酒！"

苏轼苦笑道："酒在何处？"

苏轼回家找妻子商议。妻子王闰之说："我藏有一壶浊酒，正好配您的鱼！"苏轼一听，乐得直拍手："有鱼有酒，有月有诗，完美！"

道士杨世昌提议："我们再次泛舟赤壁如何？"苏轼高兴地一拍手："好主意！"于是三人拿着酒和鱼，再次来到赤壁之下。因为冬季雨水减少，江水水位下降，不见往日的惊涛骇浪，但见水落石出，暗礁显露，和三个月前的景象截然不同。

苏轼想要登高远眺，于是撩起衣襟，沿着崎岖的山路，攀着岩石和藤草慢慢地爬到了悬崖之上。两位朋友看路途曲折陡峭，不敢爬到顶端，只好在半山腰处停止了脚步。

苏轼在风中站立了很久，想到自己坎坷艰难的仕途犹如这崎岖的山路一样难行，想到自己如今的境遇和这孤寂的初冬残夜一样凄冷，心中有太多的委屈、痛苦、愤懑、无奈难以倾诉和排解，于是他对着远处的群山大声地长啸。声音在风中回荡，震得草木簌簌作响；在江面回荡，风吹波浪汹涌；在空中回荡，山谷回声响应，惊得明月驻足观瞧。这让苏轼不仅感到悲哀，而且害怕、恐惧，不敢久留。

杨世昌等人也明白苏轼的心事，也怕他陷入过往，难以自拔，于是开着玩笑唤他下来继续泛舟，苏轼这才止住感慨。三人重回船上，吃鱼喝酒，把刚才的不快全都抛弃到风中。

突然，一个白影"扑棱棱"从船边掠过，吓了苏轼等人一跳。定睛一看，原来是一只仙鹤，雪白的羽毛、黑色的尾巴，扑扇着巨大的翅膀，鸣叫着向月亮的方向飞去。

酒尽人散，苏轼也回家了。解衣睡下，梦见一道士穿着雪白羽衣、黑色洒裤，问他今夜快乐不快乐。苏轼恍然大悟，道士却笑着转身化作一道白光不见。苏轼惊醒，顾不得披上外衣，趿着鞋子跑到门外，只见明月已经西斜到梧桐身后，夜色如墨，人虫踪迹全无……

　　……时夜将半，四顾寂寥。适有孤鹤，横江东来。翅如车轮，玄裳缟衣，戛然长鸣，掠予舟而西也。

　　须臾客去，予亦就睡。梦一道士，羽衣蹁跹，过临皋之下，揖予而言曰："赤壁之游乐乎？"问其姓名，俯而不答。"呜呼噫嘻！我知之矣。畴昔之夜，飞鸣而过我者，非子也耶？"道士顾笑，予亦惊寤。开户视之，不见其处。

前后两赋虽都是月圆之夜和友人泛舟赤壁后所作，但所记述的景色、表达的思想和境界有所不同。

《赤壁赋》重在借清风明月、唱歌吹箫抒吊古伤今之情、对话古今的思索，以及人生无常的感慨、变与不变相依相生的哲理，尽显豁然开朗的通透，境界超然万物。而《后赤壁赋》则从江上移步到山上，登高远眺、对江长啸，呐喊出诗人内心的孤独与彷徨；梦中幻境的迷离、羽化成仙的道士，则表现出苏轼处于出世与入世之间的矛盾与无奈，黄粱一梦难以成真。

两篇赋珠联璧合，相得益彰，清代文学家林西仲的评价一语中的："若无前篇，不见此篇之妙；若无此篇，不见前篇之佳。缺一不可。"从这两篇赋，我们看到一个更真实、全面、情感丰沛、思想复杂的东坡先生，以及一个郁郁不得志的文官才子的无奈与洒脱。

黄州逸事

苏轼初至黄州时，许多朋友因为受其连累而被贬官或外放，有些人为了避嫌主动和他划清了界限，使他越来越感到孤独寂寞。

但这一天，他在黄州看到了一个熟悉的身影，惊喜万分。此人不是别人，正是陈慥陈季常，他的父亲就是当年苏轼在凤翔府遇到的"大黑脸"陈公弼。别看苏轼当年和老陈闹得很不愉快，但苏轼敬佩他，而且还和小陈成了好兄弟。

陈慥和一般的官二代不同，他自幼不喜欢锦衣玉食的生活，也不羡慕高官厚禄的诱惑，天天骑马舞剑，希望能做一个游侠儿，笑傲江湖。长大后，他也饱读诗书，但并不痴迷科举，反而带着家人在黄州岐亭隐居，自称"龙丘居士"。因为他喜欢戴着方方如高山的帽子，故人送雅号"方山子"。

陈慥见到苏轼也很高兴，二人在雪堂一边饮酒，一边谈及这些年的经历。当说到老陈一生光明磊落、晚年带着污点和委屈而终时，苏轼一声长叹："说来惭愧，我当时年少轻狂，以为令尊故意与我为仇，还自作聪明作《凌虚台记》来暗讽他。多年后才悟出陈大人的用心良苦，都是子瞻太愚钝了！"

陈慥一拍他的肩膀："算了，都过去了！一切都在酒中，请！"说着端起酒杯一饮而尽。

苏轼也举起杯子："陈大人的风骨天下皆知，我向来不为他人写墓志铭，这次我要专门为他作传扬名。"说罢，将杯中的酒郑重地洒在地上。

几天后，苏轼写了一篇《陈公弼传》交给陈慥，陈慥十分感动："相信先父看到你为他作的传，也可以瞑目了！"

陈慥和苏轼都是性情中人，高兴时喜欢喝酒听曲、美女相伴。而陈慥的妻子柳氏是个醋坛子，如果看到丈夫和别的美女喝酒跳舞就会很生气，将这些女子全都赶走，并很认真地说："你喝酒我不反对，我就是不喜欢她们给你夹菜，替你斟酒，难道她们小手一动，就能多几盘菜、几壶酒不成？"陈慥知道妻子的脾气，也不再随意寻欢作乐了。

一天，苏轼来到陈慥家里，柳氏很热情，好酒好菜地招待着。

喝到兴头时，陈慥偷偷找来两个美女唱曲助兴，怕惊醒妻子，特意让她们小点声。但是世上没有不透风的墙，柳氏还是闻声而来，气得隔着窗户大呼小叫："大半夜不睡觉，吵什么吵？"陈慥一听，惊得脸色大变，两个歌女也花容失色，忙转身抱琴离去。苏轼也吓得手中的拐杖掉落在地上，忙低头拾起，向陈慥拱手告辞："天色不早了，我也该告辞了，贤弟保重哟！"陈慥皱着眉，撇着嘴点了点头。

后来，苏轼写了一首诗，其中有几句专门谈及此事。

《寄吴德仁兼简陈季常》：

> 东坡先生无一钱，十年家火烧凡铅。
>
> 黄金可成河可塞，只有霜鬓无由玄。
>
> 龙丘居士亦可怜，谈空说有夜不眠。
>
> 忽闻河东狮子吼，拄杖落手心茫然。

于是，"河东狮吼"成了悍妇的代名词，流传至今。

陈慥发现，如今的"苏贤良"变得越来越沉稳大气、乐观豁达，对其愈加钦佩，多次主动登门拜访，毫不担心会受其连累。

苏轼呢，收起锋芒，淡品人生，用欢喜心度岁月，用平常心纳得失，活得越来越淡定，越来越从容！万事万物对他来说就像那大江东流，顺其自然，不必挽留。

《道德经》中说："祸兮福之所倚，福兮祸之所伏。"乌台诗案对苏轼来说是一场浩劫，但被贬黄州四年又让他脱胎换骨，增益其所不能。

神宗对苏轼在黄州的表现还是很满意的，大丈夫就应该能屈能伸，忍辱负重，这样才能委以重任，于是想起用苏轼。没想到这一行为遭到属于新党的宰相王珪、蔡确等人的坚决阻拦。《宋史·苏轼传》记载："神宗数有意复用，辄为当路者沮之。"在北宋，皇帝不是想用谁就能用谁的，皇帝的任命必须经过宰相和副宰相们的同意才能执行。实在没办法，神宗采取一个折中的法子，将苏轼调到离京城（开封）较近的汝州，让他去汝州（今河南汝州）做团练副使。

这些发生在朝堂的事苏轼当然不知晓，神宗的这个决定对于苏轼来说是个意外，也是个惊喜，但更多的是莫名其妙。他猜不透天子的心思，也不知到底是福还是祸。

带着深深的疑虑，苏轼离开了黄州。但他并不着急立即动身上任，而是准备先前往筠州（今江西高安）去看望多年不见的弟弟苏辙，而后再和家人在九江（今江西九江市）会合，一起赶往汝州。

苏轼虽是个罪官，但因才学过人，热情好客，在黄州也结交了不少好友。大家听说神宗皇帝让苏轼去汝州为官，纷纷前来贺喜，轮番设宴为东坡先生送行。酒宴上发生了许多有趣的故事，南宋周昭礼在《清波杂志》中记载着这样一段佳话。

东坡先生爱美酒也爱美人，所以和朋友举杯同欢时，也不乏歌妓弹琴唱曲助兴。有胆大的官妓，看东坡先生兴致正浓，就会向他索求诗词墨宝，东坡先生热情豪爽，即兴作诗，从不让她们空手而归。

有一名叫作李琪（亦有版本称之为李琦或李宜）的官妓，一直对东坡先生暗自敬佩，但她内向腼腆，从未得过先生的诗词。

李琪听说苏轼将要离开黄州，求诗之意前所未有地高涨。恰逢有人宴请苏轼，酒宴上李琪和其他官妓一起为苏轼等人唱曲助兴。一曲歌罢，先生拍手称赞，众人也齐声叫好。李琪看着先生喝得酣畅淋漓的样子，鼓足勇气下拜说："妾身李琪见过东坡先生。"

苏轼打量这个瘦小的女孩，十五六岁的年纪，雪白的小脸因着涩泛起了红晕，显得娇嫩可人；一双眸子清澈如水，涟漪微荡；柔顺乌黑的秀发梳成大大小小的发髻盘在头上，红色的发绳垂了下来，底端还坠着几颗雪白的小珍珠，让她显得别样清丽脱俗。

苏轼暗想：怎么平时未曾留意这个女子？看似眼熟，但又仿佛初见，或许她不善言辞，从未近前答话吧。想到这里，苏轼微微一笑，轻轻地点点头，让她起身回话。

李琪红着脸，小声地向苏轼说道："妾身一直仰慕先生的才学，但从未敢上前惊扰。知先生即将远行，不知何时再见，今日特斗胆恳请先生赐诗一首，以作纪念。"

苏轼睁大迷离的双眼望着她。李琪不好意思地低下了头，不敢作声。苏轼放下酒杯，起身离座，一手轻捋胡须，在酒席中间漫步徘徊。众宾客也都放下杯箸，默不作声，静待苏轼惊艳全场。

苏轼则不慌不忙，对着李琪摇了摇头，徐徐说道："东坡五载黄州住，何事无言赠李琪？"其他宾客听了都哈哈大笑起来。

有人说："小小官妓自取其辱，看来，东坡先生并不看好她啊！"

李琪的脸红得像一朵芙蓉花，心中埋怨："先生啊先生，我对您如此敬佩，您却对我如此奚落。这不是羞煞奴婢吗？"

李琪无地自容，苏轼却毫不在意。大家又安静了下来。苏轼举起酒杯，自斟自饮了一杯，众人不解其意，他却闭上眼睛，一副回味无穷的样子，道出后两句："恰似西川杜工部，海棠虽好不留诗。"

不知是谁先喝了一声彩："妙！"大家这才宛如大梦初醒一般，纷纷赞叹东坡先生的才气绝伦。

杜甫在蜀地生活多年，亲眼看见成都的海棠盛开时的艳丽，但却一直没想出绝妙的语句去描绘，所以从没有为其写过一首赞美诗。苏轼以杜工部自况，自然是将李琪喻为艳丽无比的海棠花，赞美她的漂亮。

出神入化的诗句让在场的人无不惊叹夸赞，而李琪也懂得了苏轼的良苦用心，忙施礼拜谢。

然而酒再醇，人再美，花再香，也难以改变分离的命运。杨柳依依，和风习习，宛如温柔的小手扯着东坡先生的衣襟。落花纷纷的暮春时节，苏轼终与黄州友人拱手而别，他期待着花开时节再逢君，写下了《别黄州》《满庭芳·归去来兮》等诗词表达依依不舍之情。

筠州和匡庐

　　走吧，走吧，终究要寻找新的归宿！"人生如逆旅，我亦是行人。"苏轼挥别乡邻与朋友，让长子苏迈带着家眷赶赴九江，自己则在三两好友的陪同下奔赴筠州去看望弟弟子由。

　　当年的乌台诗案让苏轼身陷囹圄，苏辙为救兄长性命，大胆地向神宗写下《为兄轼下狱上书》，说："臣欲乞纳在身官，以赎兄轼。"但神宗不但没允许，还将其贬为监筠州盐酒税，五年内不得升调。苏轼对此事耿耿于怀，而今好不容易离开黄州，因此特意绕道去筠州相聚。

　　苏辙听说神宗命苏轼迁往汝州，心头大喜；又闻兄长将要来筠州看望自己，更是欣喜若狂。兄弟二人自上次黄州一别，已近两年未见，心中甚是想念。苏辙忙让几个儿子走到八百里外去迎接苏轼。

再见子由，苏轼老泪纵横。弟弟才华横溢，却因自己犯罪而被贬为芝麻大的小吏（监筠州盐酒税是地方官职，主要负责盐、酒的税收等）。一想到这些苏轼就忍不住自责，苏辙却无所谓，说道："兄长，一切都过去了，还总提它作甚？既然皇上已对你网开一面，相信不久后也会将我调离此处，请兄长放宽心。晚上家中设宴，为兄长接风洗尘。天色尚早，我先带兄长四处走走看看。"

苏轼于是随苏辙来到了他的办公场所，房屋很小，不仅四面漏风，而且摇摇欲坠，里面的陈设更是破旧不堪。苏轼一皱眉："子由，此地如此简陋，你们如何办公啊？"

苏辙苦笑道："我来筠州之前，此地连下暴雨，河水泛滥，房屋尽毁，这里也没有幸免。雨水过后，我差人将这里简单修缮一番，办公暂时是没问题的。兄长你看，这东面的小屋我取名为'东轩'，这旁边的竹子、杉树都是我亲手种的。工作累了，我就来这里洗竹培杉，也别有一番情趣。"

苏轼点头称赞道："我在黄州开了一片东坡，自号'东坡居士'；你在筠州又建了一个东轩，要不就叫'东轩居士'吧？"

苏辙哈哈大笑："我可没有兄长的闲情雅兴，看大江东去，忆三国周郎。最初这里有三个人办公，可是我来后不久，那两个人就给调走了，所有的事情都由我负责，天天都要到闹市区里卖盐沽酒，收取官税，还要与小商小贩讨价还价，真是忙得不亦乐乎！晚上下值回家，常常累得倒头便睡，一睁眼就是再去上值。"

苏轼心疼地轻抚着弟弟的肩头，说道："一天这么忙碌，可要注意身体啊！多吃点肉，别累坏了。"

苏辙点了点头说道："兄长不必担心，我懂得一些养生之术，会好好保重的。圣寿寺有位有道的高僧，法号聪慧，我曾经多次拜访过，并与其结为好友。忙里偷闲时我也和他们一起参禅养生，现在身体好多了。你看，我都胖一点了。"

苏轼仔细打量弟弟，果然比上次相见富态了一点，于是欣慰地点头："嗯，的确如此，你的气色也比过去好一些了。"

苏辙接着说："我每次去圣寿寺，僧人们不仅让我享用斋饭，还用香泉煮汤为我沐浴，让我顿感神清气爽，身轻体健。不知兄长近日是否还练习瑜伽之术啊？"

苏轼点点头："当年多亏你向我讲述了瑜伽之术的妙处，我才能潜心修炼。黄州生活虽苦，但静心打坐，内省冥思，却也让身心愉悦啊！"

苏辙得意地说："那一年迫儿（苏轼次子）生病，兄长请来一位道长诊治，我看那道长的'吹神入腹'之功实在奇妙，于是私下里与其结为好友，向他学习气功之术，没想到身体还真舒坦了不少，那些消化不良、咳嗽气喘的老毛病都渐渐好转，所以才将其推荐给兄长。"

苏轼点头称是，说："瑜伽气功之术名不虚传，我和迨儿的身体也都好多了。对了，我还炼了一些丹药送你，我已试过了，效果真的不错。"

"好啊好啊，那我们就一起对床听雨，服丹成仙！"兄弟二人的说笑声在竹林间回荡，仿佛一脚又踏入了那无忧无虑的少年时光……

苏轼在筠州逗留数日，兄弟二人把酒言欢，又请来聪慧和尚共同参禅悟道，心情别样爽快。他本想多陪子由几日，可是和家人的约期将至，只好与弟弟挥泪而别，踏上了驶往九江的小船。

九江又称浔阳、江州，位于赣、皖、鄂、湘四省交界处，依江傍湖，风景奇秀。关于"九江"名称的来历主要有两种说法，一是众水汇集之地，二是湖汉九水交汇之所。无论哪种说法，九江一直都是百川归海的枢纽，波澜汹涌，壮阔浩渺。

"九派浔阳郡，分明似画图。"九江山水如锦绣舒展，名胜如星罗棋布。特别是被世人称作"人文圣山"的庐山，虽不在五岳之内，美名却四海皆知。庐山自古以雄、奇、险、秀著称，多少文人墨客来此登临观赏，写下了数不尽的诗词歌赋。东晋谢灵运赞颂，说"昼夜蔽日月，冬夏共霜雪"；李白遥望庐山，写"飞流直下三千尺，疑是银河落九天"；白居易赏山寺灼灼桃花，留"长恨春归无觅处，不知转入此中来"……苏轼来到庐山，被雄奇的景象震撼，也写下了许多诗词，最有名的非《题西林壁》莫属。

横看成岭侧成峰，远近高低各不同。

不识庐山真面目，只缘身在此山中。

苏轼在山中游览数日，虽然见山见水见石见云，但是总见不到全景，难以辨识庐山的真实面目。于是他走出重峦叠嶂，下山四处观瞧，从不同的角度再看庐山，顿觉千姿百态，变化无穷。苏轼有感而发，写下这首小诗，寓理于景，让人回味无穷，更显示出自身内心的大格局、大智慧。

苏轼能作出如此有深度的诗篇，也在于高人的启发。此行九江，他并不是孤身前往，而是与三个好友同行。其一是黄州的老朋友陈慥。其二是道士乔仝，据说此人20岁时得重疾差点死去，幸得世外高人贺亢救治得以重生。苏轼初识乔仝时，还以为他是个风华正茂的年轻人，没想到实际已经80多岁了，于是十分敬佩，并对贺亢的道术深信不疑，多次写诗赠乔仝，并希望他能将自己的诗转赠给贺亢，期待能与仙师相见。

而这同行的第三个人，则是苏轼的莫逆之交——道潜和尚。他俗家姓何，名昙潜，字参寥，后被赐号"妙总禅师"，是北宋著名的诗僧。道潜自幼出家受戒，苏轼在杭州做通判时与他相识，结为好友，常互赠诗词。道潜的诗歌清新脱俗，别有一番雅香和禅意，特别是《临平道中》。

> 风蒲猎猎弄轻柔，欲立蜻蜓不自由。
> 五月临平山下路，藕花无数满汀洲。

香蒲细长，风中含香，枝条轻展，如舞霓裳。山下小路，辗转曲长，水平如镜，荷花清芳。满眼都是生机，满纸都是春意。这首小诗称得上"诗中有画，画中有诗"，可与王维之妙笔相媲美。

道潜不仅才华过人，而且重情重义。苏轼在徐州任太守时，道潜从杭州特意赶来拜访，二人把盏叙旧。酒席上，苏轼忍不住和他开玩笑，暗中让一个漂亮的歌妓向道潜讨诗。道潜明白这是苏轼的小伎俩，于是即兴口占一诗："多谢尊前窈窕娘，好将幽梦恼襄王。禅心已作沾泥絮，肯逐春风上下狂？"苏轼赞叹不已，自愧不如，说："我尝见柳絮落泥中，私谓可以入诗，偶未曾收拾，遂为此人所先，可惜也。"

苏轼被贬黄州期间，许多旧日友人都弃之而去，并断绝书信往来。道潜却不远千里赶来相伴，在黄州居留一年多时间，陪苏轼走过那段最痛苦黑暗的岁月，可谓患难见真情。听说苏轼将要离开黄州赶往九江，道潜又是一路相伴。二人同游庐山，一边欣赏美景，一边参禅讲经，谈笑间落花如梦，流云似歌。

道潜笑着对苏轼说："你写了那么多关于庐山的诗，我最喜欢的是《题西林壁》，可谓前无古人，后无来者，妙绝啊！"

苏轼也哈哈大笑："不敢当，天天与君谈经参禅，怎能不让我慧眼大开呢？"

"那就是说，东坡先生这首诗以后能流芳百世，也有我参寥子的功劳了？"道潜认真地看着苏轼。

苏轼拍了拍他的肩膀："那当然啦！世人不仅知道我苏东坡，也会记住你参寥子的！"

世间风云多变，如潮起潮落，时而有情，时而无情。但总有人陪伴着你赏夕阳余晖，望云卷云舒，即使栉风沐雨，亦无半句怨言。

忆往日，二人一起上春山，看翠微，相约隐青林、歌《采薇》，多么逍遥自在、快意惬然。然而世事无常，此地一为别，不知何日逢。苏轼望着老友，颇为感慨地说："想我苏轼的前半生，经历了太多的离别，而今已是满头白发，早都将其视为寻常之事。你我二人情深义厚，不必因分别而过于伤心，愿以鸿雁传书，明月寄怀，我们仍可天涯若比邻。"

道潜点头表示同意，他举起杯中的酒："子瞻，与君相识，三生有幸。你不是说'人有悲欢离合，月有阴晴圆缺，此事古难全'吗？那我们就举杯同祝，醉则同欢，醒则互念，来日方长，有缘再见！"

事实证明，二人之间的友情经得起岁月风霜的考验。苏轼晚年被贬海南儋州，道潜也因此受到牵连而治罪还俗，谪居山东兖州，直到1101年才受诏复还。可是他并不后悔与苏轼交往，仍然尺素传书，还说要带弟子到海南看望苏轼，字里行间流淌着牵挂、担忧与关心。苏轼收到书信后十分感动，忍不住泪雨涟涟，忙回信劝阻老友不要前往。这一路山重水复、千难万险，海南之地又瘴风毒雾肆意弥漫，苏轼怕老友身体吃不消；再加上自己现在的处境比在黄州时还要危险，老友已经受到连累，何必让他再遭小人迫害？苏轼在信中说道："自揣余生，必须相见，公但记此言，非妄语也……"道潜收到信后才打消南下的念头。

真正的朋友不仅是锦上添花，还有雪中送炭；不只是朝夕相伴，更是一生挂念。

在道潜等三位好友的一路陪伴下，苏轼顺利到达了九江，与家人们会合，打算赶往汝州上任。当地的好友们摆酒相送，酒宴上众说纷纭，有人大力支持，有人极力劝阻，有人担心凶多吉少，也有人认为机不可失……苏轼左右为难，一边饮酒一边沉思。忽然，他想到了一个人，觉得他可以帮自己指点迷津。

这个人曾是苏轼的死对头，在朝堂上两人针锋相对，严重影响了苏轼的仕途。而又恰恰是这个人，在乌台诗案的关键时刻向皇帝上书求情，救了苏轼一命。

他，就是拗相公——王安石。

相逢一笑泯恩仇

　　苏轼的脑海中跳出过无数人的身影，但能解开自己心中谜团的，他觉得也只有王安石了。于是，苏轼改变原有路线，绕路去江宁（今属江苏南京）拜访一下这个多年未见的老朋友。

　　出发前，苏轼给王安石写了一封信，王安石收信后很惊喜，苏轼还没到达江宁他就骑着小毛驴在江边等候了。

　　苏轼站在船上，远远地看到了一白发老人在风中挺立，雪白的胡须在胸前随风轻拂。多年不见，相爷真的老了！

　　1074年，苏轼正在密州忙着捉蝗虫、除旱灾，王安石却因变法失利而被罢相。虽然一年后又官复原职，但得不到皇帝原有的支持，新法举步维艰，王安石悲愤至极，多次提出辞职。1076年，长子王雱病故，白发人送黑发人，王安石悲痛欲绝，心灰意冷地再次向皇帝提出辞去宰相一职，皇帝答应，王安石改任江宁知府，从此不问朝中事。

王安石归隐之后，没有回江西老家，而是在温暖富饶的江宁买田置地，安享晚年。因为主宅在江宁和钟山主峰的中点，所以又叫"半山园"，而王安石也给自己取了雅号叫"王半山"。他常在半山园设宴邀请天下名流，大家一起谈诗论词、研究书法，也别有一番情趣。

王安石、苏轼二人之间并没有太多的个人恩怨，过往的矛盾冲突主要是政治立场不同。10多年过去了，苏轼主动请见，王安石也微笑相迎，往事也就随风飘散。

下了船，苏轼不好意思地上前施礼道："子瞻戴罪之身，岂敢让相爷等候多时？失礼失礼。今日斗胆敢以野服相见，请不要见怪！"

王安石上下打量着苏轼，多年未见，苏轼的眉宇间少了几分英气，多了许多沧桑，看来黄州的日子不好过啊！他指着自己的便服，哈哈一笑："那些繁文缛节难道是给我们这类人设计的吗？"

苏轼也哈哈大笑："相爷一直特立独行，而今还是精神矍铄，让子瞻自叹不如啊！"

王安石摇头长叹一声："63了，只剩下一把老骨头，苟延残喘罢了！"

苏轼忙扶着他："都说无官一身轻，相爷过去一直为国事费心劳神，而今可以静心颐养天年，子瞻羡慕得很啊！"

王安石指向远处："听说你在黄州开辟了一片东坡，还建了一个雪堂。我在江宁也买了一片田地，建了一个半山园，有没有兴趣到我那里坐下来喝杯茶啊？"

苏轼笑着说："求之不得，求之不得啊！"说罢，他小心翼翼地扶着王安石骑上小毛驴，自己牵着缰绳陪在左右。二人边走边聊，笑声在青山绿水间回荡，惹来不少鸟儿站在枝头看热闹，苏轼也暂时忘记了来时的重重顾虑，慢慢地陪着王安石向半山园走去……

王安石一向生活俭朴，但有好友来访则会破例。这一次，王安石特意拿出陈年好酒，二人借着酒劲，把许多心里话都说了出来。

苏轼这些年一直在地方为官，深知百姓疾苦，说着说着忍不住又提到了变法。王安石眉头紧皱："你这是在责怪老夫不成？"

苏轼摇摇头："不敢，变法各有利弊，也不能把功过都强加到您一个人头上。我做了多年的地方官，变法给百姓带来的福与祸还是有目共睹的。"

王安石听罢，脸色才稍稍舒缓了一些。苏轼又说："子瞻饱受文字狱之苦，多谢老相爷在圣上面前为我求情才让我保全性命。只是现在这一阵风又兴起来了，为首的正是您一手提拔的蔡确，不知相爷为何不劝一劝呢？"

王安石道："我是退隐江湖之人，说话不算数了，不是每个人都会给老夫三分薄面的！这些事都错在吕惠卿这人身上，只可惜，他现在翅膀硬了，开始和我唱反调了！"

苏轼则摇了摇头："此言差矣。虽说在其位，谋其政，但天下兴衰，匹夫有责，更何况相爷一直忧国忧民，敢于为民请命，变法就是最好的证明！"王安石瞪大眼睛看着苏轼，却什么也没说。

苏轼又说："皇帝一直信任和重用相爷，而今天子身边危机四伏，祸患重重，相爷又怎能坐视不理呢？"

王安石连连点头："也罢，那我就舍下我这张老脸，再向皇上写奏折，进进忠言。"

苏轼忙站起深施一礼："子瞻替大宋子民感谢老相爷的一片忠君爱国之心！"

王安石忙起身将其扶起："分内之事，不必多礼。"

苏轼在半山园住下，常和王安石下棋赏花、品诗论茶。王安石说："我看你也很喜欢这里，要不你也在这儿买块地，我们一起养老吧！"

苏轼羡慕地说："我又何尝不想如此啊，能和你做邻居是我一生的幸事。只可惜我现在仍是罪官之身，四处漂泊，身不由己，暂时还不敢随意在此地定居啊！"

王安石也点了点头："京城虽好，毕竟是虎狼之地；小城虽远，却可以修养身心。有机会一定要来江宁找我喝茶啊！"

苏轼还写了首诗记录这次会面，即《次荆公韵四绝》（其三）：

> 骑驴渺渺入荒陂，想见先生未病时。
>
> 劝我试求三亩宅，从公已觉十年迟。

苏轼听懂了王安石的画外音，忙向王安石请教。王安石望着远方，悠悠地说："山穷水尽，也可遇柳暗花明；峰回路转，亦可见虎豹豺狼。进退有节，言行有度，不必过于纠结当下的得失，要把目光放长远。离开黄州是一个新的契机，好好把握，东山再起指日可待。"苏轼听后豁然开朗，连连施礼致谢。

15年的恩怨一笔勾销，重归于好，苏轼此刻只有醒悟和释然。

与其让仇恨和宿怨充斥内心，不如用宽容和理解握手言和。释然是一种智慧，淡然是一种格局。放下过往是最潇洒的动作，美美与共、和而不同，才是君子智慧的选择！

第四章

归去，也无风雨也无晴

跟自己和解，跟这个世界和解，是一种出世入世的处世态度，也是一种平和的生活状态。

苏轼一生娶了三个女人，生了四个儿子，分别是苏迈、苏迨、苏过和苏遁。他们性情不同，命运不一，都深受父亲苏轼的影响，骨子里也流淌着东坡精神。

1059年，苏轼第一任妻子王弗在眉山生下长子苏迈，但苏迈未满周岁，全家就移居京城。苏迈7岁时母亲病逝，他随父亲回到眉山后就一直留在家乡读书。1068年，苏轼续娶了王弗的表妹王闰之，10岁的苏迈才重新回到"母爱"的怀抱。

苏迈长大后随父亲辗转各地，19岁时娶了美丽贤惠的吕家女为妻，第二年就生下一个大胖小子。苏轼抱着孙子激动万分，涕泗横流，并为其取名为苏箪。

乌台诗案让苏轼身陷囹圄，苏迈只身北上，每日为父亲送饭。苏轼被贬黄州时，也是苏迈一路陪同。不幸的是，来到黄州第三年，妻子吕氏因病去世，就葬在了黄州。苏迈痛失爱妻，儿子只有4岁，想到自己也是从小丧母，心中不免又多了几重感伤。

1084年，皇帝手下留情，让苏轼一家前往汝州，已经考中进士的苏迈被授为饶州（今江西鄱阳湖东）的德兴县尉。儿子第一次上任，苏轼当然不放心，一路陪同送到了湖口。

其间二人一起夜游石钟山，探明白了石钟山名字的由来。原来山下都是石穴和缝隙，水波在那里激荡就会出现奇怪的声音。而且两山之间有块巨石正对着水的中央，石头的中间是空的，上面还有许多洞穴，仿佛是水流长年冲刷后的结果，江水从巨石洞吸入又涌出，发出声音，与山中水石相击的声音遥相呼应，仿佛钟磬合鸣。

苏轼和儿子乘兴而归，还写了《石钟山记》以作纪念。而苏迈也没有让苏轼失望，他继承了父亲严谨认真的态度，做了多年的地方官，深受百姓好评。苏轼在写给朋友的书信中夸赞儿子："长子迈作吏，颇有父风。"

苏迈并不热衷名利，而官场的变幻莫测、之后父亲的溘然长逝让他对仕途越来越不感兴趣。1113年，55岁的苏迈带着家人来到徐州的苏家湖——岳父吕陶隐居的地方，深居简出，61岁时在萧县龙岗泉与世长辞。

和老实本分的苏迈相比，二儿子苏迨简直是个怪胎。

苏迨，又名苏昺、苏炳、苏鼎，是苏轼第二任妻子王闰之所生。他天生就是个"畸形儿"，脑袋上鼓出一个大包，就像一个犀牛角。或许这个东西压迫了脑神经，让他4岁了还不会走路，天天不是被人抱着就是背着，神医见了也束手无策。

后来苏轼从京城到了杭州，听说天竺寺有位名叫元净的法师医术相当厉害，忙带着儿子前去拜访。没想到法师开的偏方竟然是剃度，让苏轼很不高兴，但还是咬牙答应了。

元净法师却十分淡定，对着小苏迨的光头进行摸顶，说来也怪，平时很淘气的苏迨竟然乖乖地让元净摸自己的光头，过了一会儿，他竟然自己从蒲团上站起，像小鹿一样飞快地跑下大殿。苏轼简直不敢相信自己的眼睛，又惊又喜，忙对元净法师千恩万谢："大师真乃神人也！"

过了一段时间，苏迨头上的包神奇地消失了，走路也和别的孩子毫无差别，苏轼悬着的心这才放下。妻子王闰之更是喜极而泣，抱着苏迨又亲又笑，眼泪打湿了孩子的脸颊。

苏迨的怪病彻底痊愈后，苏轼又花重金为他还俗。长大后的苏迨不仅考中了进士，还娶了欧阳修的孙女为妻。他不好仕途，淡泊名利，后来又迷上了关学，成了关学大师张载的三大门生之一。

关学起源于北宋，是宋代理学的四个主要学派之一，因以张载为首，又因张载讲学于关中，所以叫关学。它"以易为宗，以中庸为的，以礼为体，以孔孟为极"，是儒家学说在宋代进一步的发展和延伸。张载对苏迫这个年轻弟子格外赏识，晚年将自己的重要著作《正蒙》传授给他。苏迫在恩师去世后，又将此书编为17篇，并为其作序，让其得到更好的流传和推广，并对儒家思想的升华和唯物主义哲学的发展也起到了重要的推进作用。

后来，苏迫因为对旧党学术提意见而被贬为广东参政，晚年定居在番禺韦涌南边坊，靖康元年（1126年）去世，享年57岁。

苏迫有个一奶同胞的弟弟，比自己小两岁，名叫苏过。他生于杭州，从小就随着父母四海为家。乌台诗案时他只有7岁，亲眼见苏轼被人捉走，惊恐万分，哭声撕心裂肺。

苏过的性情和才学是最接近苏轼的，所以有"小东坡"之美誉。他19岁中举人，23岁随父亲到惠州生活。在王朝云去世后，苏轼的衣食起居都由苏过照看，当苏轼被贬到儋州时，是苏过一人陪着父亲度过了人生最艰苦和孤独的岁月。

苏过是一个被父亲耽误了前程的才子，24岁作《思子台赋》和《飓风赋》，在文坛有了立足之地。如果苏轼没有被贬岭南和海南，苏过完全有机会在科考中大显身手，在官场上或文坛上大有一番作为。只可惜他生不逢时，只能随父亲远迁他乡，英雄无用武之地。但苏过对此毫无怨言，他和父亲在儋州的四年，读书写诗，苦中作乐，各得其所。

苏过深受父亲影响，十分仰慕五柳先生。父亲去世后，苏过定居颍昌，娶了北宋著名史学家范镇的孙女，生了七个儿子。他在城西的湖阴种了几亩竹子，又盖了几间茅草屋居住下来，自名为"斜川居士"，日子虽然清贫，但他将自己的书画作品都编入《斜川集》中，也别有一番快乐与收获。

苏过继承了父亲的艺术细胞，他的作品诗中有画，画中有诗，颇具东坡遗风。

在儋州时，苏过曾画过一幅《枯木竹石图》，苏轼观后连写了三首诗转发"朋友圈"，为儿子非凡的画技点赞："老可能为竹写真，小坡今与石传神。"

苏过的画技超凡脱俗，既画出了竹石的神韵，又赞颂了父亲的品性像竹石一样坚韧不拔。苏辙见了侄儿的诗画也赞不绝口："东坡妙思传子孙，作诗仿佛追前人。笔墨堕地称奇珍，闭藏不听落泥尘。"

苏过也曾做过一些小吏，还曾经为徽宗作画，并得到皇帝的赞赏。宣和五年（1123年）十二月，苏过去镇阳（今河北正定）办事，突发疾病死于途中，享年52岁。

苏轼在杭州当通判时，曾买下一个年少漂亮的歌伎王朝云。朝云聪慧过人，被苏轼视为红颜知己。从杭州到黄州再到惠州，朝云一直不离不弃，荣辱与共，还为他生了一个可爱的男孩——苏遁。

苏轼为此特意作了一首诗，此诗表面上是对儿子的期待，话语间又似流露出对自己悲惨遭遇的不满。

《洗儿戏作》：

> 人皆养子望聪明，我被聪明误一生。
>
> 惟愿孩儿愚且鲁，无灾无难到公卿。

他希望儿子不必太聪明，顺顺利利做官就好，平平安安一生。

苏遁乳名干儿，白白胖胖十分乖巧可爱，就像年画里抱着鲤鱼的大娃娃。然而，他在苏轼从黄州赶往汝州的路上，染上急病，还未满周岁就死了。

当时正值热浪滚滚的六七月，苏轼全家坐船去金陵，船行驶在长江上，水汽蒸人，长达两个月，连大人也受不了。妻子朝云首先病了："某到金陵一月矣，以贱累更卧病，殆不堪怀。……"苏轼自己的疮毒也复发了："某到金陵，疮毒不解，今日服下痢药，羸乏殊甚。……"未满周岁的小儿子患病就可想而知了。

干儿死去，苏轼肝肠寸断，作《哭干儿》表达内心极度悲痛之情。诗序说："去岁九月二十七日，在黄州，生子遁，小名干儿，颀然颖异。至今年七月二十八日，病亡于金陵，作二诗哭之。"

《哭干儿》（其一）：

吾年四十九，羁旅失幼子。

幼子真吾儿，眉角生已似。

未期观所好，蹁跹逐书史。

摇头却梨栗，似识非分耻。

吾老常鲜欢，赖此一笑喜。

忽然遭夺去，恶业我累尔。

衣薪那免俗，变灭须臾耳。

归来怀抱空，老泪如泻水。

归期渐有涯

苏轼虽然离开了黄州，但一路上痛失爱子、盘缠渐空，他不得不上表求皇帝能让他转至常州。神宗看到苏轼写的《乞常州居住表》，言辞恳切，也体恤他这些年的不容易，考虑到苏轼曾经的才气和业绩，于是同意了请求。

令人不解的是，苏轼的老家在四川眉州，他还在天堂杭州工作过，对湖州也是恋恋不舍，为何偏偏要选择在常州养老呢？

早在1057年，22岁的苏轼金榜题名、进士及第时，一次偶然的机会，他在琼林宴上遇到了常州进士蒋之奇、单锡等江南才子，相聊甚欢，结为好友。蒋之奇的老家在江苏宜兴县（今江苏省宜兴市），大家举杯畅聊间他对家乡赞不绝口，让从没有见过江南山水的苏轼十分感兴趣。

蒋之奇兴奋地对苏轼说："子瞻兄，我们常州画山绣水，民风淳朴，有许多特色美食让你垂涎三尺。如果有机会请到我们常州做客，我一定准备丰盛的好酒好菜热情款待你。"

苏轼也来了兴致："好好好，孟夫子写了一首《过故人庄》，那今日你我也订下'鸡黍之约'，改日我一定登门拜访，喝个不醉不归！"

蒋之奇满口答应，苏轼也欣然写下《次韵蒋颖叔》以作来日之约：

> 琼林花草闻前语，辇画溪山指后期。
> 岂敢便为鸡黍约，玉堂金殿要论思。

蒋之奇为常州打的广告很成功，让苏轼真的动了心。但百闻不如一见，真正与常州零距离相处是在1071年。当时35岁的苏轼要去杭州上任，途中路过常州，虽只是匆匆而过，却也被其秀美风姿吸引，心想："蒋之奇说的果然没错，只可惜他外出为官，我们不能举杯小聚。"

两年后，苏轼因公务到润州等四地赈灾，再次来到常州，与当地的百姓也结下深厚的情谊，不禁萌生在此养老安家的心愿。

常州别称"龙城"，位于现在江苏省长江三角洲中心地带，东临无锡，西接南京和镇江，东南部宛如一条玉臂直伸入太湖水中，吸天地精华滋润常州大地。而宜兴县古称"阳羡"，宋代隶属常州，此地以陶器著称，紫砂更是名扬天下，有"陶都"之美誉。阳羡就像一个做工精细、外表优雅、满腹香茗的紫砂壶，让许多人心驰神往。

苏轼此次来常州出差，幸得与好友单锡小聚，还在他的陪同下一起饱览了当地的山光水色，品尝了太湖鱼等美味。更有缘的是，他还在单锡家里看到了伯父苏涣当年的墨宝，惊喜万分。

单锡为人贤良，不慕荣利，颇有才华。苏轼对他的才能和人品都很信任和敬佩，于是替他说媒，把堂姐的女儿许配给他为妻，二人从朋友变成了亲家，关系越来越好。做亲戚不错，能成为邻居那就更棒了，于是苏轼又托好友在阳羡帮自己留意合适的田地，打算以后在这里定居养老。

在《常润道中有怀钱塘寄述古五首》中，他还特意记述了在常州的生活和当年的"鸡黍之约"，流露出对"买田阳羡"的期待之情。

《常润道中有怀钱塘寄述古五首》（其五）：

> 惠泉山下土如濡，
> 阳羡溪头米胜珠。

卖剑买牛吾欲老，

杀鸡为黍子来无。

但是想归想，做归做，此时的苏轼虽然一直念叨着"买田阳羡"，但心里还是舍不得万里前程。十年寒窗，一举成名，这里面有多少心酸努力；多年苦读只为今朝，又有多少人真正能做到突然归去？

可自乌台诗案后，世界给了苏轼沉重的打击，他死里逃生被贬黄州，不敢对前程抱有太大的希望。于是每天种豆"东坡"下，戴月荷锄归，不求大富大贵，只愿一家人温饱康乐。然而东坡、雪堂和临皋亭，都只是暂且借住之地，不可久居，更何况又过于荒凉闭塞。他想要为家人找一个舒服温暖、美丽富饶的地方作为归宿。

好友范镇身居颍昌，写信请苏轼一起来养老，但那里是重要官员扎堆退隐之所，相当于现在的高档别墅区，价格不菲，苏轼实在买不起。相比之下，苏辙的仕途要比哥哥顺利得多，工资也很高，积蓄也不少，很轻松地就在颍昌买了一片良田并定居于此。

高不成，低不就，思来想去，苏轼还是寄希望于常州，这里的地价不是很贵，而且风光不错、气候宜人，适合久居。只可惜家财已尽，囊中羞涩。

他正在为银两发愁时，贵人出现了。此人正是当时黄州太守徐君猷的弟弟徐大正，他敬佩苏轼的人品和才能，愿意解囊相助。

哥哥帮忙在黄州开辟东坡建屋雪堂，弟弟资助他在阳羡买地盖房，苏轼对此感激不已，只好用诗千行、酒万盏来表达谢意。

有了钱财，皇帝也恩准他去常州，苏轼终于可以举家去朝思暮想的常州了。为了表达对皇帝的感谢之情，他又连上了两次谢表，内心的激动和喜悦不知如何表达，一切都化作诗歌一行行。

《菩萨蛮》：

> 买田阳羡吾将老。从来只为溪山好。来往一虚舟。聊随物外游。
>
> 有书仍懒著。水调歌归去。筋力不辞诗。要须风雨时。

然而好景不长，刚过了几个月安生的日子，神宗驾崩。他还没有从悲痛中抬起头来，便接到新皇帝让他复任朝奉郎、知登州（今山东蓬莱）的旨意。苏轼一家人听后又喜又悲，喜的是苏轼升官了，这是好兆头；悲的是刚刚在常州定居，又要奔赴他乡，开启宦游生活。

好友徐大正也舍不得苏轼离开，与其同乘一小舟送行到山阳

（今江苏淮安），一路上说不完的叮嘱和祝福，让苏轼十分感动。

苏轼不知此行是福是祸，但内心对常州恋恋不舍，于是写下了一首送别诗，以寄托内心的矛盾之情。

《次韵送徐大正》：

> 别时酒盏照灯花，知我归期渐有涯。
>
> 去岁渡江萍似斗，今年并海枣如瓜。
>
> 多情明月邀君共，无价青山为我赊。
>
> 千首新诗一竿竹，不应空钓汉江槎。

苏轼自注："尝与余约卜邻于江淮间，将赴登州，同舟至山阳，以诗见送，留别。"

苏轼虽然身在江湖，但是对朝中事也有所耳闻，小皇帝上位，高太后听政，将司马光那些老家伙重新召回京城。而今自己也升为六品的朝奉郎，难道，真的要东山再起吗？

物　事
是　事
人　事
非　休

1085 年的一天，老天和北宋开了一个很不合时宜的玩笑：一心变法强国的宋神宗，38 岁英年早逝。

宋神宗赵顼是宋仁宗赵祯的孙子，宋英宗赵曙的长子，北宋第六位皇帝，也是大宋最年轻有为、敢想敢干的皇帝。

赵顼还不是太子时，有一天夜里做了个奇怪的梦，一位老神仙驾着金光闪闪的云朵从天而降，笑着上下端详他，然后轻轻一挥衣袖，赵顼就感觉身体飘了起来，随着仙人慢慢地腾云驾雾，升入灵霄宝殿。赵顼醒后心中窃喜："此乃吉兆，预示我终有一天可登基继位，贵为天子。"果然不久，皇爷爷驾崩，父亲继位，作为长子的赵顼顺利成了太子的最佳候选人，入住东宫。

赵顼作为皇位继承人，的确很优秀：他相貌出众，天庭饱满，地阁方圆，自带帝王之相；他谦虚好学，常常为了请教一个问题而废寝忘食；他讲求礼仪，举止文明，尊师重道，即使炎炎夏日也要衣冠整齐地求教老师、迎接宾客，连扇子都不扇一下，是一个严于自律的人。

在孩提时代，皇爷爷就向他讲了家族的血泪史，让他牢记国仇家恨，所以他从小就立下兴国安邦、一雪前耻的志向。天下兴亡，匹夫有责，作为臣子的王安石看到了北宋制度的种种弊端，向仁宗提出了变法主张，可惜宋仁宗对王安石的印象一般，对变法也不感兴趣，并没有采纳他的意见。而当时只有十几岁的赵顼闻言心有所动，将此事牢记于心，伺机以行。

仁宗离世前，将皇位传给了养子赵曙，史称宋英宗。但不幸的是赵曙继位后操劳成疾，上任三年就累得一病不起，他知道自己大限将至，于是把最得意的儿子赵顼立为太子，反复叮嘱他："顼儿呀，你一定要把国家治理好，不要丢祖宗的脸，更不能让大宋的百年基业毁于一旦。"赵顼含泪答应："父皇放心，您就好好休养龙体，儿臣一定不负众望，守护好大宋江山。"1067年正月，英宗驾崩，赵顼顺利继位，他就是历史上有名的宋神宗。

别看赵顼当皇帝时只有18岁，他心思缜密，处事周全，一上位就燃起三把大火：第一把火，大赦天下，收揽民心；第二把火，重用老臣，升职加薪；第三把火，启动变法，改革创新。

前两把火烧得很成功，但第三把火差点把他自己点着。神宗本想借变法改变宋朝"积贫积弱"的局面，实现富国强兵。然而朝野上下，反对声此起彼伏，变法执行过程中更是阻力重重。当朝大臣分成变法派和反对派两大阵营，神宗夹在其中，左右为难。

但是年轻气盛的赵顼敢于逆流而上，坚信"变则通，通则久"，只有变革才能挽救北宋的财政危机，于是顶着重重压力开启了轰轰烈烈的"王安石变法"。

前文已说过，变法启动以后，虽然大大增加了北宋朝廷的财政收入，可同时也增加了老百姓的经济负担。大地主阶级的利益也被深深触动，反对派连连炮轰变法派，王安石被迫两度罢相，而吕惠卿等人又在变法实施过程中拐入歧途，至此，变法的负面影响难以消除。神宗骑虎难下，又痛失王安石这个左膀右臂，而苏轼、司马光等大臣因为反对变法又被排挤出朝廷，顿觉孤独无依，身心交瘁，对变法也失去了信心。

一波未平，一波又起，变法之事尚未平息，西夏的战事又风云再起。

澶渊之盟后，宋朝几代皇帝宁愿花钱买和平，也不肯在训练军队方面下功夫，导致宋军的战斗力越来越弱，国库的钱袋子越来越瘪。宋神宗元丰五年（1082年），西夏国王李秉常听说宋朝在夏、银、宥三州交界之处建造永乐城（今陕西米脂县西），甚感威胁，派出30万大军前来攻取，20多万北宋军兵和民夫惨遭杀戮，宋朝损失惨重。

富国强兵的梦想破灭了，神宗终日郁郁寡欢。他的病情越来越严重，太医们也无回天之术，于是选择新太子之事顺理成章地进行。

神宗有14个儿子，但不知为何8个儿子出生不久都先后夭折，幸存的儿子中年纪最长的是六子赵佣，当时还只是个始龀的孩童。神宗看着赵佣，一声长叹："佣者，仆役也。皇帝怎么能受人遣使？还是改名为赵煦吧！煦者，阳光也。从今天开始你就是大宋太子了，让我母后辅佐你。希望你能励精图治，仁爱苍生，像阳光一样给大宋子民带来新的希望。"

1085年，38岁的神宗带着满腹遗憾与世长辞，64岁的王安石悲痛万分，老泪纵横。

宋哲宗赵煦即位以后，高太后重新起用司马光等老臣，新法就此废除。王安石辛苦一生的心血毁于一旦，病情更加严重，1086年也驾鹤西去，临终前无奈地说道："当世不知我，后世当谢我。"

哲宗上位后，作为皇祖母的高太后垂帘听政，彻底把握了大宋发展的命脉。

高太后是宋英宗的皇后，神宗的母亲，小字滔滔，生于亳州蒙城（今安徽蒙城县）。她年轻貌美，知书达理，所以宋英宗即位后并没有后宫佳丽成群，而是集三千宠爱于高滔滔一身——二人之间情比金坚的爱情故事如果写成才子佳人的动人小说，一定会被世人传颂。

高滔滔一个人为英宗生了四儿四女，超额完成传续香火的任务，并胜任贤妻良母的职责。皇太后看儿子就一个媳妇深表不满，想要让他再娶嫔妃，英宗表示无所谓，高皇后则表示强烈反对。但英宗大病时，高滔滔听从了太后的建议，答应给丈夫娶妃冲喜，可是英宗身子太虚，无福享受三个娇妻美妾，新嫔妃进宫不到一个月英宗就一命呜呼。

高滔滔是一个经历过大风大浪的女强人，36岁失去丈夫，53岁又失爱子，还要顶着重重压力临危受命，肩负起辅佐幼帝的重任，她心中的苦水也只能自我消化和排解。

高太后母仪天下，不怒自威，让人敬畏。她胸藏文韬武略，执政有方，成了哲宗小皇帝最有力的坚强后盾。

在执政期间，她提倡勤俭和廉政，重新重用司马光、苏轼等大臣，果断地停止了变法，减轻了人民的负担，社会又恢复了往日的繁荣。宋哲宗时期是北宋最后一个安乐和平、国力较强的时期，而作为真正的领导者，高太后功不可没，后人称之为"女中尧舜"，当之无愧。

这位德才兼备的高太后，也是苏轼生命中一个重要的贵人。正因为她不计过往，重用贤良，苏轼才有机会东山再起，迎来人生第二个高光时刻。

千年苏公祠

哲宗继位以后，苏轼的命运也发生了翻天覆地的变化。他好不容易在阳羡买田置地，正打算在此终老，没想到一道道圣旨让他青云直上，步步高升。

元丰八年（1085年），苏轼被派往登州做太守。但刚上任五天，就又接到奉旨回京的消息，让苏轼受宠若惊。

登州位于我国山东半岛，蓬莱阁作为登州最具有代表性的活招牌，成为人们梦寐以求的人间仙境。它始建于北宋嘉祐六年（1061年），与湖南岳阳楼、湖北黄鹤楼、江西滕王阁合称"中国四大名楼"。

苏轼好不容易跋山涉水来到登州，不能不去蓬莱阁打个卡留个纪念，于是十月的一天，他登上高高的丹崖山上，站在蓬莱阁上极目远眺，但见波澜壮阔，海天一色，远舟如豆，乘风而来，于是饶有兴趣地记下了所见所感。

《蓬莱阁记所见》：

> 登州蓬莱阁上，望海如镜面，与天相际。忽有如黑豆数点者，郡人云："海舶至矣。"不一炊久，已至阁下。元丰八年十月晦日，眉山苏轼书。

比大地更广阔的是海洋，比海洋更广阔的是天空。人生于天地之间，如沧海一粟。而生命不足百年，转瞬即逝，唯有放下得失，立足当下，才能无愧天地，一生坦然。

苏轼想得通透，活得坦荡，自然也吸引了不少志同道合的好友。在登州短短几日，许多人慕名而来，大家朝夕相处，结下了真挚的友情。离别之时，苏轼对他们依依不舍，写诗纪念。

《留别登州举人》：

> 身世相忘久自知，此行闲看古黄腄。
> 自非北海孔文举，谁识东莱太史慈。
> 落笔已吞云梦客，抱琴欲访水仙师。
> 莫嫌五日匆匆守，归云先传乐职诗。

来去如风，无影无踪，不必强求，也不必挽留。苏轼虽然与新朋友交往时间不长，但这份友情却是纯真美好的。海内存知己，天涯若比邻，有了这份短暂又美好的回忆，苏轼的人生才更丰盈和快乐。

　　赏美景，结亲朋，还写下了《望海》《游珠玑崖》《蓬莱阁记所见》等20余篇诗文，苏轼在登州短短数日可谓收获满满，而最让他感到兴奋的是竟然看到了传说中的海市蜃楼。

　　苏轼没有来登州时对此地的海市蜃楼就早有耳闻，十分向往。来了后听当地百姓们说，此奇景多在春夏两季出现，现在是秋天，很难见到。苏轼对此表示十分遗憾，但又不甘心，心想：我很想亲眼见识一下海市蜃楼之奇观，不如写一篇祷词，但愿能感天动地，遂我心愿。

　　于是苏轼就给海神广德王写了一篇祷词，企望第二天就能看见奇景。次日清晨，苏轼早早登上蓬莱仙阁，极目远眺，果然东方云海叠起，一座仙城渐渐浮现出来，亭台楼阁清晰可见，壮观雄奇，许多神仙时隐时现，更显神秘。苏轼看得目瞪口呆，没想到自己的祷文真的感动了天神，心想事成。

　　不久，海市散去，蜃楼隐迹，但苏轼激动的心却久久不能平静，他铺开纸张，挥毫泼墨，写下洋洋洒洒的七言长诗——《登州海市》。

东方云海空复空，群仙出没空明中。

荡摇浮世生万象，岂有贝阙藏珠宫？

心知所见皆幻影，敢以耳目烦神工。

岁寒水冷天地闭，为我起蛰鞭鱼龙。

重楼翠阜出霜晓，异事惊倒百岁翁。

人间所得容力取，世外无物谁为雄。

率然有请不我拒，信我人厄非天穷。

潮阳太守南迁归，喜见石廪堆祝融。

自言正直动山鬼，岂知造物哀龙钟。

伸眉一笑岂易得，神之报汝亦已丰。

斜阳万里孤鸟没，但见碧海磨青铜。

新诗绮语亦安用，相与变灭随东风。

苏轼的这首长诗，既细致生动地描绘了海市蜃楼的奇丽景象，又表达了诗人观景后深刻的思考。诗中提到了唐代大文豪韩愈，当年韩愈看到了衡山的奇峰秀峦叹为观止，而今苏轼也看到了海市蜃楼的奇葩景象由衷感叹。如果没有高洁的人品，又怎么换来神仙的垂青？想到这里，苏轼眉间的愁云舒展开来，化作一阵风飘向了阔海空天。

世间繁华诸如这海市一般热闹，但到头来都是一场空，早日看破，早日释然。虚虚实实中苏轼看到了众生百态，也想到了自身坎坷的命运，自然也看淡了一切。

海市不会长久，人生也不能永恒，美好的东西转瞬即逝，用心感悟与珍惜，都是岁月最珍贵的痕迹！

精诚所至，金石为开。苏轼的一片诚心感动了天地，不仅是因为他的祷文写得好，更是因为他从来到登州的第一天起，就一直为百姓做实事，用实际行动换来了天地的厚待。

苏轼勤政爱民的美谈早已家喻户晓，登州老百姓都盼着他早日上任。苏轼还没来时，当地百姓就迫不及待地杀猪宰羊，热情期待。十月十五日苏轼的小舟抵达登州时，他看到百姓们早早守在岸边相迎，十分感动："我何德何能，尚未到任，就劳烦乡亲们如此厚望。请大家放宽心，我在此为官，一定会尽全力将此地治理好，让大家安居乐业。"

登州毗邻渤海，百姓多以海水煮盐，以制盐、贩盐为生。而北宋的盐业实行专卖制，称为"榷盐"，根据当时的规定，盐户们煮出的盐不可私卖，只能卖给官方，而售价不到市价的三分之一。但官家又将这低价收购盐高价卖给老百姓，从中赚取暴利，所以"榷盐"是当时朝廷财政的主要收入来源之一。有一个问题是，时间久了，百姓们买不起高价盐，官府储存的盐因大量堆积卖不出去又有一定损耗，这个责任需要当地盐官来负责，他们需要自掏腰包来补这个窟窿。于是出现了政府无利、百姓无盐、盐官无薪的尴尬局面，上上下下都叫苦不迭。

苏轼来到登州，听到当地官吏和百姓的诉苦，心中充满了对百姓、盐官的同情和对朝廷制度的不满。离开登州，在十二月入京后，他立即给皇帝上书《乞罢登莱榷盐状》，请求朝廷能体恤民情，取消登州和莱州的榷盐制度，并提出了改良的建议：灶户将所煮制的盐以合理的价格卖给百姓，并上交给朝廷一定的税款，这样朝廷、灶户、百姓都可从中受益。

高太后一看到这份状子，十分高兴，心想：仁宗皇帝果然没有看错，苏轼上任五天就体恤民间疾苦，又提出如此好的办法，果然是个宰相之才啊！于是欣然同意，以皇帝名义废除了登州、莱州两地的榷盐制度，实行特殊的盐业政策。

几十年一直延续的榷盐制度，被仅上任五天的苏轼一封奏折给废除，而且一直延续到清代，时间达近千年之久，两地百姓世世代代都对苏轼感恩不已。《清代盐政碑文》中记载："苏文忠公莅任五日即上榷盐书，为民图休息。士人至今祀之。"

除关心民生，苏轼对海防问题也不敢懈怠。他在登临蓬莱仙岛时，除了饱览盛景，也看到了对面的辽东。北宋时期，大宋与辽、金两国一直争战不休，虽然每年用岁币换取卑微的和平，但是矛盾从未解决。苏轼在登州考察海防时，发现管理松散、戒备不严、军心涣散、操练无方、缺兵少将、装备不足等诸多问题，这要是打起仗来，惨败是必然的结果，而且还会影响大宋江山的安危。于是苏轼在回到京城后，以"朝奉郎前知登州军州事"的身份又给朝廷上了一封奏折《登州召还议水军状》，呼吁加强当地的军事管理，确保登州海防线固若金汤。同时他又指出当地屯兵制度的弊端——因为岁币求和，所以登州连年无战，登州水军多被调往他处，造成内部空虚无兵、防守有名无实的现象，在奏折中，他希望朝廷让将兵及时回归，加强当地防守训练，以防不测。高太后觉得苏轼分析得头头是道，有理有据，于是苏轼提出的这些建议都被采纳。

泰戈尔曾经说过："天空没有翅膀的痕迹，但鸟儿已经飞过。"苏轼这只飞鸟，不仅在登州的天海之间留下飞舞的痕迹，还在飞走之后，对这里不断回眸。

来也匆匆，去也匆匆，苏轼给登州军民带来了太多的实惠，于是人们将其所写诗词刻在石碑上，并在蓬莱阁修筑"苏公祠"，刻下了"五日登州府，千年苏公祠"的楹联。

苏门四学士

苏轼一生广交朋友，也收了不少门生，在众多弟子中，他最得意的要数秦观、黄庭坚、张耒、晁补之四人，这四人也被称为"苏门四学士"。苏轼归京后，与四大弟子喜相逢，大家一起修书写史，饮酒作赋，度过了一段难忘的翰墨时光。

秦观比苏轼小12岁，字少游，又字太虚，别号淮海居士，江苏高邮人，和当代的著名散文家汪曾祺是老乡。野史中秦观和苏小妹的佳话广为流传，可惜的是苏小妹此人纯属虚构。秦观虽不是苏轼的妹夫，却是东坡居士的铁粉和得意门生。

"男儿何不带吴钩，收取关山五十州。"秦观少年时喜欢舞枪弄棒，长大后在吴兴太守孙觉身边做了幕僚，熟读兵书战策，希望有机会能"愿将腰下剑，直为斩楼兰"。但可惜他一直英雄无用武之地，所以又弃武从文，拿起四书五经准备科考，并把大文豪苏轼当作自己的偶像，常模仿苏轼的诗风创作，甚至冒名作诗。

1077年，苏轼从山东密州被调到了江苏徐州，此时的秦观要进京赶考也路过徐州，特意拿着安徽桐城进士李公择的推荐信拜谒苏轼。苏轼很欣赏他的才气和勇气，当即收为门下弟子，秦观欣喜万分。二人分别时秦观特意作《别子瞻》诗，以"我独不愿万户侯，唯愿一识苏徐州"之句，表达对苏轼深深的仰慕之情。

秦观多次名落孙山，苏轼鼓励他不要放弃，还特意让他作《黄楼赋》，然后将此赋转发"朋友圈"，赞其文章有屈原、宋玉的风姿，帮他找回失去的自信。

秦观虽然是苏轼的得意弟子，走的却是婉约路线，写出了《满庭芳·山抹微云》等千古佳作，与柳永、晏几道并称"婉约派"。特别是一首《鹊桥仙》，更成了他一生最著名的代表作。几百年后，这首词仍被怨男痴女们钟爱，成为誓死不渝的海誓山盟。

《鹊桥仙》：

> 纤云弄巧，飞星传恨，银汉迢迢暗度。金风玉露一相逢，便胜却人间无数。

柔情似水，佳期如梦，忍顾鹊桥归路。两情若是久长时，又岂在朝朝暮暮。

1085年，36岁的秦观终于考中进士，三年后与黄庭坚等人齐聚京师，到达了人生的高光时刻。只可惜好时光总如白驹过隙，哲宗继位后秦观再次被贬到异地他乡。好不容易熬到复命横州的好消息，赴任途中游经藤州（今广西藤县）光华亭时，秦观想要饮水，水还没有送来，他却已含笑而去，享年51岁。

苏轼听说秦观去世，悲痛万分，将秦观所作的《踏莎行·郴州旅舍》的最后两句"郴江幸自绕郴山，为谁流下潇湘去"题写在扇子上，并在背面写下"少游已矣，虽万人何赎？"终日手不释扇，以示哀悼与怀念。

秦观是苏轼四大门生中最先离去的弟子，他一生坎坷，郁郁不得志，把满腹愁怨付诸诗词，就像那风雪中摇曳的梅花，寒蕊虽败，暗香残留……

除了秦观，还有一个苏门弟子也相当厉害，后来在书法方面竟与师父比肩，他就是"山谷道人"黄庭坚。

黄庭坚，字鲁直，比苏轼小8岁，是四大门生中年纪最大的一个。他出身于洪州分宁（今江西修水）的十代书香世家，自幼过目成诵，提笔成诗，堪称"神童"。7岁时作《牧童诗》："多少长安名利客，机关用尽不如君。"8岁送同乡赴举，他又说："若问旧时黄庭坚，谪在人间今八年。"才思和文笔都可谓少年老成。黄庭坚22岁时高中进士，位居三甲榜首，湖州太守孙觉十分欣赏他的才华，将自己的女儿兰溪许配给他。

1072年，苏轼任杭州通判期间来湖州视察工作，与好友孙觉相逢，孙觉高兴地把自己的乘龙快婿黄庭坚的文章给他看，苏轼对其大加称赞："此人如精金美玉，不即人而人即之，将逃名而不可得，何以我称扬为？"意思是黄庭坚才能出众，不求名利而名利自来。

黄庭坚听到岳父转达的苏轼的高度赞誉，并没有沾沾自喜，而是更加勤奋好学，1078年在四京学官的考试中名列第一，进入国子监当了教授，并开启与苏轼互通书信的神交之旅。

苏轼身陷"乌台诗案"时，很多早先与苏轼有过诗词唱和、信件往来的人纷纷加入揭发队伍，撇清关系。此时人微言轻的黄庭坚，无法为苏轼做些什么，而自己也要接受别人的审问。两人当时还未曾相见，他完全可以为自己开脱免罪，可他偏要说：苏子瞻是最了不起的文人，苏子瞻是忠君爱国的，最终被处了罚金。但他既没有怨天尤人，也没有和苏轼断交，反而乐观地写下"又持三十口，去作江南梦"的豪放诗句。之后二人继续书信往来，互相鼓励。

黄庭坚对朋友仗义，做官两袖清风，对母亲更是孝顺，"二十四孝"中的"涤亲溺器"讲的就是黄庭坚每天为母亲倒马桶、刷马桶，几十年来从不间断的故事，为后世代代相传。

黄庭坚和苏轼做了八年的笔友，二人直到1086年才终得在京师相会，他送给苏轼一方砚台作为见面礼，苏轼爱不释手。

别看他们在书信中客客气气，可见了面却喜欢互开玩笑：苏轼说黄庭坚的字虽然清劲有力，但笔势过于瘦弱，像树梢挂蛇；而黄庭坚则说苏轼的字又宽又扁，像石下蛤蟆。

1094年，苏轼被贬惠州，黄庭坚被贬戎州，二人在途中偶遇，同游鄱阳湖三日，相得甚欢，难分难舍。但这也是他们最后一次相见。1101年苏轼去世后，黄庭坚在家中高挂苏轼的画像，焚香祈祷，日日祭拜。

黄庭坚作为苏轼的弟子兼知己，受苏轼影响最深，二人诗风很像，并称"苏黄"。但黄庭坚的诗歌如长江奔涌，气势磅礴，别具一格，终成"江西诗派"的开山鼻祖，有"点铁成金、脱胎换骨"之美誉。他的行书更是自成一家，深受王羲之《兰亭序》的影响，行云流水，大方洒脱，与苏轼、米芾、蔡襄并称"宋四家"。

和秦观、黄庭坚相比，另外两位苏门学士比较年轻，名气不如他们大，但是才气也不容小觑。

张耒，字文潜，亳州谯县（今安徽亳州市）人，比秦观还要小5岁。13岁就喜好写文作诗，在乡里小有名气。1071年苏轼任杭州通判期间，前往陈州与弟弟苏辙相别，17岁的张耒前来拜谒苏轼，并拜在其门下。两年后张耒进士及第，在王安石的推举下做了临淮（今安徽泗县）主簿，正式步入仕途。

1075年，苏轼在密州重修超然台，特意邀请张耒作赋，苏轼读罢感觉超逸绝尘，二人自此开始书信往来，成了笔友。而张耒也与同门师兄弟秦观、晁补之等人有了交集，大家互为知音。

张耒的官运一波三折，文采却独具一格。苏轼对他的文章有相当高的评价，说："汪洋冲淡，有一唱三叹之声"，"而气韵雄拔，疏通秀朗，当推文潜"。而他的词风又和秦观相似，走的是婉约路线，如春风拂面般清新自然。

张耒晚年生活相当贫寒凄凉，再加上恩师和同门师兄弟的相继离去，让他心灵一次次受到重创。1114年，他在长期赋闲、贫疾交加和寂寞中痛苦地闭上了双眼，走完了61年的人生之路。

晁补之比张耒大一岁，字无咎，号归来子，济州巨野（今山东巨野）人。他自幼过目不忘，记忆力超群，年少时随父亲去杭州做官，作《七述》拜谒杭州通判苏轼。苏轼一见此文，赞不绝口："17岁就能写出如此博雅隽永瑰玮之作，真乃后生可畏啊！"

晁补之26岁考中进士，又在开封府和礼部别院的大考中都名列第一，神宗见其文章都惊叹不已，说："此文深于经术，可一改当今浮夸之风！"于是让他做澶州司户参军、国子监教授，后来又做了校书郎。然而后来因为修书有误，他先后被贬各地，起起伏伏几十载，最终归隐田园。晁补之高兴地修筑一座"归来园"，并给自己起名为"归来子"，每日"采菊东篱下，悠然见南山"，终于和五柳先生同乐了。

晁补之虽然拜苏轼为师，但他的诗风颇具田园色彩，更接近于陶渊明。他一生淡泊名利，所以诗词中弥漫着一种消极的归隐思想，和他晚年的归宿极为相符。他的散文流畅自然，与柳宗元风格相似，只有词作方面豪放大气，与苏轼如出一辙。

除了苏门四学士以外，徐州才子陈师道、华州学霸李廌也都得到苏轼的赏识，因其德才兼备，合称为"苏门六君子"。

君子美美与共，和而不同。苏轼虽然是"唐宋八大家"之一、豪放词派的代表人物，但并不要求他的弟子一定要追随其后，而是因材施教，根据他们的特点鼓励他们个性发展，百花齐放。

四学士也好，六君子也罢，他们都是宋代文学史上的千里马，在苏轼这个伯乐的赏识、推荐和影响下，用不同风格的作品在北宋文坛上立足，在华夏文学的史册中留下璀璨夺目的一笔。

宁作我，岂其卿

刘震云曾说："世上所有的事都经不起推敲，一推敲，哪一件都藏着委屈。"

听命于高太后的哲宗皇帝觉得委屈，变法失败的王安石觉得委屈，罢相归乡的司马光觉得委屈，被贬黄州的苏轼也觉得委屈。然而，当委屈的苏轼重回朝堂时，发现自己不仅左右为难，还很不合时宜。

元丰八年（1085年）神宗驾崩，66岁的司马光听到后特意从洛阳赶到东京奔丧。老百姓看到了他就像看到救星一样，嘴里高呼着："司马大人，不要再走了，留在京城继续做相爷吧！废除新法，给我们留一条活路吧！"

司马光听后心有所动，高高挑起轿帘，向各位百姓拱手谢礼。他不知道高太后会有什么举动，但似乎感觉到了什么，脸上不免暗暗流露出一丝喜色，但马上又被满面的阴云淹没。

看到司马光，高太后仿佛看到了久违的亲人，激动得老泪纵横。而当她读了司马光写的几道请求废除新法的奏折后，更是欣慰地点了点头："还是这些老大臣更懂得我的心思啊！"于是，高太后重新起用司马光、文彦博等老臣。新党人一看，暗自叫苦："完了完了，司马光一上台，咱们的好日子彻底到头了！"

果不其然，一贯反对变法的司马光把矛头直指王安石，说其"不达政体，专用私见，变乱旧章，误先帝任使"；又全面否定他的变法主张，认为新法"舍是取非，兴害除利。名为爱民，其实病民；名为益国，其实伤国"。高太后听取了他的意见，将新法一一废除。

司马光笑了，新党人哭了。

宰相蔡确，本是新党的骨干，高太后执政后他就失了宠，于是造谣生事，说太后要废黜哲宗皇帝，想要来个绝地反攻。没想到这让他一败涂地，太后本来看他就不顺眼，于是将其贬到了陈州。之后蔡确又被贬，又羞又恼，在游车盖亭（在今湖北安陆）时触景生情，一口气写下了十首诗以泄私愤。没想到被他的宿敌吴处厚捉住了小辫子，弹劾蔡确的诗明里暗里都在讥讽朝政，诋毁太后。

高太后闻讯不但不恼，反而微微一笑——铲除新党的绝好时机来了！很快，以蔡确、章惇、吕惠卿为首的新党人纷纷落马，这就是历史上有名的"车盖亭诗案"。

乌台诗案打击的目标只有苏轼一人，车盖亭诗案却是北宋打击面最大的一场文字狱，新党成员几乎全军覆灭，被贬到各地为官。

最惨的还是蔡确，高太后一竿子就给他打到了边远的岭南新州（今广东新兴县）。因为蔡确的老母亲体弱高龄，不适合远行，也曾有人替蔡确求情改迁他处，但高太后与蔡确宿怨太深，丝毫不让，并声称："山可移，此州不可移。"蔡确没有办法，只好拖家带口，翻山越岭，好不容易才来到瘴气王国——新州，饱受瘴气、贫困、压抑之苦，1093年郁郁而终。

从1086年至1093年，高太后用了八年的时间废除变法，以旧党打压新党，史称"元祐更化"，又称"元祐党争"。

1086年，司马光去世了，这位宋朝老臣在再次为相八个月后病死。朝廷派程颐主丧。程颐是北宋理学学派的代表人物，主张"饿死事极小，失节事极大"，性格一向以端肃持重著称。

一日，朝廷在明堂举办隆重的祭祀大典。一大早，文武百官都穿戴整齐地参加庆典仪式，齐声高唱"皇天浩浩，日月不息，圣德融融兮，威服四夷，上下和畅，时节不移，神州感恩，舞我羽衣，风调雨顺兮，丰我兆黎……"祭祀完后，大家相约一起去吊唁司马光。没想到，这一举动遭到了程颐的强烈反对。

程颐说："子于是日哭，则不歌，岂可贺赦才了，却往吊丧？"大意是说：孔子说过，如果这一天哭过了，就不能再唱歌。我们去吊唁一定会痛哭流涕，这一天又唱又悲，成何体统？很多人听了都表示此理由太牵强，苏轼站出来反驳说："孔子虽然说过'哭则不歌'，但并没有说过'歌则不哭'。你真是个死心眼！"程颐则把头摇成个拨浪鼓："不行不行，这样悲喜同日进行，有伤风化，万万不可！"苏轼在百官面前开程颐的玩笑，说："伊川可谓糟糠鄙俚叔孙通。"意思是程颐就是烂泥沼里爬出来的叔孙通。叔孙通这人是西汉大儒，为刘邦制定了一套完整的朝堂礼仪，苏轼这就是说程颐这个人不懂装懂，假学究，为人过于死板，太迂腐。

大家听后哈哈一笑，程颐的脸则红得像一块猪肝，心里愤愤地说："苏轼啊苏轼，你竟然敢当众取笑我，太丢人了，是可忍孰不可忍！"

苏轼万万没想到，自己随口开的一句玩笑，竟然引起了朋党之争，也让自己命运的罗盘扭转了方向。

苏轼当众嘲笑程颐，让程氏弟子纷纷表示不满，他们想起了当年的"乌台诗案"，打算故技重施，好好教训苏轼一下。于是朱光庭、贾易等程门弟子又开始在苏轼写过的文字中"挑骨头"。他们从苏轼在制科考试中出的考题入手，说苏轼对先皇大不敬，请求给予严惩。苏轼的蜀地老乡吕陶、上官均等人纷纷上书反驳，说朱光庭无中生有，造谣生事，纯粹是对苏轼的栽赃和打击报复。幸好高太后仔细阅读苏轼的考题，并没有看出什么嘲讽之意，于是宣告苏轼无罪，这场风波才告一段落。

但是程颐等人不会善罢甘休，双方的队伍在不断扩大，苏轼的好友范纯仁站到了苏轼的身边，北方人王岩叟则加入程颐、朱光庭的行列。朝中渐渐形成以程颐为首的洛党和以苏轼为首的蜀党，双方明争暗斗，彼此挑错弹劾，闹得不可开交，史称"洛蜀党争"。后来刘挚、梁焘等北方人也另成"朔党"，旁观龙争虎斗，坐收渔翁之利。

以程颐为首的洛党是支持王安石变法的，他们认为人才是革新的关键。洛党是典型的理想主义者，做事一板一眼，讲求礼法，平时也不苟言笑，一本正经，身上难免会流露出浓重的迂腐气。苏轼等人生长在蜀地，言事论理，不会感情用事，也不会钻牛角尖，平时喜欢说说笑笑，身上总会有一种活泼的生气、幽默的魅力。而刘挚等北方人和洛党有些相似，但更务实，他们注重经验，主张通过权衡利弊进行改良，更有实效性。

三党同朝为官，各有特点，但相互争斗，谁也不让谁。

苏轼夹在其中，成了众矢之的，左右为难。他曾经是新党的死敌，而今又对旧党全盘否定变法表示不满，而性情耿直的他又不能说假话，这让他两面树敌。再加上洛党、朔党对他联合夹击，苏轼表面上泰然自若，但内心也很忐忑。

苏轼在黄州期间，学了一些养生的方法，其中有一个拍肚子散步的习惯，据说有助于肠胃消化。

这一天，苏轼敞开外衣，像平时一样一边轻轻拍着微腆的肚子，一边在院中溜达，然后笑着问大家："你们说，我这肚子里装的是什么？"一仆人说："老爷肚子里全是学问。"另有仆人说："我猜是治国之道。"还有人说："是一肚子好文章。"苏轼轻轻地摇了摇头，表示对这些答案不满意。这时，侍妾朝云走过来说："苏大学士，是一肚子不合时宜。"苏轼一听，朗声大笑："还是朝云最懂我啊！"

苏轼性情豪爽，做人坦荡，做事实在，与朝廷中那些削尖脑袋用力向上爬的人截然不同。他对功名利禄并不感兴趣，否则凭他的才能和智慧早就坐上宰相的高位了。他也讨厌党派之争和钩心斗角，觉得一天要么处心积虑，要么战战兢兢，那样的活法实在是太累了。

或许，真的如朝云所言，苏轼充满了不合时宜。

乌台诗案给苏轼留下的心理阴影终生无法抹去，他不想重蹈覆辙，而回到京城后，看到那些得势的人处事并不都公正，有的人还心胸狭隘，一上台来就是打击报复，手段极其残忍。苏轼提出的一些主张也没有被及时采纳，反倒得罪了一些小人，长此以往，不仅自身难保，还会连累到弟弟和朋友。于是他上书给皇帝请求外调，希望能快点结束与洛党、朔党之间的争斗。

高太后虽然爱惜苏轼才能，舍不得让他走，但从大局考虑也只好忍痛放手，于是让他以龙图阁大学士的身份去杭州做太守。苏轼听罢乐呵呵地接旨，18年前他曾经做过杭州通判，而今故地重游，简直像做梦一样。

临行时，83岁的好友文彦博前来送行，半认真又半开玩笑地说："子瞻啊，以后不要再随便写诗啦！"苏轼也哈哈一笑："我如果写诗，不知道有多少人争着要给我做注释呢！"文彦博拍着苏轼的肩膀："真舍不得你啊，不过离开对你来说也未必不是一件好事！多多保重！""你也多多保重！"苏轼对着老友深施一礼。

春风送暖，杨柳轻拂，苏轼与弟弟、好友挥手告别，向着江南的方向再次出发。

人生如逆旅，我亦是行人

第五章

人生中有太多的过

客，不管你有多么不

舍，过客始终都是过

客，总有一天会离开

的，我们能做的，就是

学会放手。

最忆是杭州

人生就是不断地出发、停留、再出发，山高水长也好，荆棘密布也罢，既然选择了远方，便只顾风雨兼程。

《红楼梦》中，宝玉初见黛玉时就感到十分眼熟："这个妹妹我曾见过的。"老祖宗笑他胡说，他又说，"虽然未曾见过她，然我看着面善，心里就算是旧相识，今日只作远别重逢，亦未为不可。"

苏轼和西湖的缘分，也像宝玉和黛玉似的，前世就已经结下了。

1071年苏轼第一次来杭州任通判就感到分外亲切，仿佛曾在这里生活过似的。一天，他和朋友来到杭州寿星寺，苏轼指着长长的台阶说："我走过这条路，应该是92级台阶。"友人不信，一阶阶走上去，竟然真的是92级。苏轼笑了："我前世真的来过。"

一晃18年过去了，1089年，元祐四年的七月，苏轼再次踏上杭州的土地，激动万分。但是，这一次看到的景象很令人失望。白雨跳珠犹在，西子湖倒像生了一场大病，无精打采，泪痕满面，老百姓们也愁眉苦脸——天堂失去了往日的快乐。苏轼见状心急如焚，立即走访群众，视察水道，才发现又是水流不畅惹的祸。

苏轼对水利工程有一定的经验，来到西湖考察多日，又与相关人士认真研究讨论，于是开展了来杭后的第一个大工程——以水治水，疏通河道。

他以钱塘江做茅山河的水源，引入海水；以西湖做盐桥河的水源，引入清水，在两河交汇处造一道堰闸，潮水来时就关下水闸。河道里没有淤塞阻碍，水流速度自然加快，船只通行也就畅通无阻。而后，苏轼又在城北余杭门外开了一条八尺深的新运河，与西湖相连，让水路运输一路畅通。百姓们高兴地拍手叫好："30年了，河水流动从没有这么痛快过！"

第一个大工程，足足干了七个月才胜利竣工。治理完运河，他又把目光投向六井，这是他要完成的第二大工程。

苏轼派人把原来六个水井中的竹管全换成更结实的陶瓦管，外面又加上石板保护，防止被流水腐蚀。同时，他又开凿了一个新井，让杭州各地的百姓无论远近都能喝上西湖水。

饮水问题解决了，百姓的脸上又露出满意的笑容，纷纷说道："苏太守回来了，杭州百姓又有好日子过了！"

百姓乐了，可苏轼的眉头并没有完全展开，因为治理西湖是他要做的第三个大工程。

多年未见，西子"憔悴"了很多，脸上皱纹累累，身上污渍斑斑，眼中泪痕闪闪，满腹委屈和无奈。苏轼心疼极了："十几年不见，你怎么落魄到如此地步，酷似当年身在黄州的苏东坡啊！"

苏轼暗暗发誓一定要把西湖变回原来的样子，甚至比过去还要美。自己经历千难万险都能东山再起，西湖也一定可以华丽逆袭！

于是他向朝廷写了奏章，请求拨工程款疏浚西湖。当钱到账后，他立即调集20多万名民工、船工齐上阵，将西湖水中的淤泥挖出，拔除的杂草和挖出的淤泥堆积在一起，筑起一条贯穿南北的长堤。而后在湖堤两边种上杨柳、碧桃等花草树木，供游人一边漫步，一边欣赏西湖的绝美风光，这就是有名的"苏堤"。

水是桥之梦，桥为水之魂。苏轼又在堤上修了六座拱桥，分别取名为映波、锁澜、望山、压堤、东浦、跨虹。从此，"苏堤春晓"成了西湖最美的景观。

晓雾氤氲，远山逶迤，细波如鳞，浅草没蹄。桃花像少女羞涩的笑脸，粉嫩娇艳；柳枝如胡姬的长发，在柔柔的微风中轻舞飞扬。繁花嫩叶间，莺儿啼，燕儿舞，蝶儿忙，也难怪南宋人把"苏堤春晓"视为"西湖十景"之首，它就像一卷长长的水墨丹青，徐徐地铺展，人如在画中游。

苏轼疏浚西湖后，为了方便显示水位变化的情况，在堤外湖中最深的三个地方设立了三个石塔做标记。

富有艺术眼光的苏轼，将石塔设计得与众不同，别具一格。石塔像两个上下叠加的葫芦，中间最大的圆球一周有五个圆孔。塔里设有灯火，通过洞口可以看得真切，如果灯火熄灭，预示着水位上涨到危险高度，需要采取防控或疏导措施。而且每到月圆之夜，泛舟湖上，远远望去，石塔上的圆孔发出莹亮的光芒，宛如皓月。一个石塔有5个圆孔，那么三个石塔正好就是15个月亮，加上水中的倒影，总共30个，天上月、水中月相互辉映，而每个游人心中的月也算一个，总共33轮明月在水天之间同时出现，虚虚实实，真真幻幻，如梦如醉，甚为浪漫。这就是西湖十景的另一景点——三潭印月。

苏轼刚到杭州不久，这里就出现了旱灾，并且旱灾导致"饥疫并作"。于是，刚风尘仆仆到来的苏轼马上投入抗旱、抗饥、抗疫三大工作中。

首先，苏轼"请于朝，免本路上供米三之一，复得赐度僧牒，易米以救饥者"，他请求朝廷免去上供米粟的三分之一，然后又获得朝廷赐予僧牒，从而有钱买米救人。

这里需要说下僧牒，其实僧牒就是"度僧牒"的简称，是古代僧尼受戒的文字凭证，最早的僧牒可以追溯到唐朝的祠部牒。因为成为僧尼后不需要缴纳税款，所以僧牒逐渐成为一种很珍贵的东西，可以用来买卖。到了宋朝，基本上各个皇帝都对僧牒进行了明码标价，神宗时期僧牒130贯一道，至宁宗嘉定年间就涨到了1200贯一道。朝廷赐予僧牒，苏轼就可以卖僧牒从而买米救人。

苏轼还将老朋友巢谷给的《圣散子方》再次献出，让僧人们照方抓药，然后放到水中或粥中，来往的人都要喝上一碗，有病治病，无病预防，让疫情得到了有效的控制。

而对于那些已经感染上瘟疫的人们，苏轼采用隔离治疗的方法，于是他准备建一个大医馆。这事说着容易，可钱从何处来呢？

于是他向社会募捐了2000多缗（1缗即1贯）钱，感觉好像还不太够，又从自己的私房钱里拿出来50两黄金，用来建了一个大医院，集中对病患进行治疗。苏东坡给大医院起了个好听的名字，叫"安乐坊"。

众志成城，安乐坊终于在西湖边安家落户，这也是我国第一家公立医院，苏轼摇身一变，成了大医院的第一任院长。他将不同的患者分类收留，分隔治疗，有效地避免了交叉感染。又让僧人们对患者悉心照顾，直到彻底康复才让他们出院。

　　而后苏轼在杭州又开设了几家分院，还让僧人送药上门，帮助一些年纪大的、行动不便的患者及时诊治。苏轼这一系列举措共帮助千余名杭州百姓解除瘟疫带来的病痛之苦，以至于杭州百姓一提到苏轼就热泪盈眶。

故人不用
赋招魂

再到杭州，让苏轼与西湖赓续前缘。但没想到仅朝夕相处两年，苏轼又迎来了朝廷新的调令。原来，高太后觉得苏轼总当地方官太屈才，将其召回京师，升为翰林学士。

苏轼舍不得杭州百姓，杭州百姓也舍不得苏轼。他在《祭龙井辩才文》中记载了当时的动人情景："我去杭时，白叟黄童。要我复来，已许于中。"

再见，杭州！杭州，再见！

苏轼的重新回归，又让他的宿敌心生不满，他们可以忍受不善言辞的苏辙做尚书右丞，却忍不了铁齿铜牙的苏轼担任朝中大佬。于是他们又开始搞各种幺蛾子，挤对和攻击苏轼。弟弟苏辙看不下眼，连上四封奏折请皇帝将苏轼再次外放为官，自己也想去地方锻炼锻炼。

高太后深知兄弟二人都是大宋稀缺的人才，怎能轻易放手，一直不允。后来看矛头又都指向了苏轼，忍痛将其派往颍州（今安徽阜阳），苏辙则还留在朝中重用。于是，兄弟小聚数月，再次洒泪而别。

元祐六年（1091年）八月，苏轼来到颍州担任知州一职。苏轼对水情有独钟，仿佛自己是个专门搞水利的工程师，"到官十日来，九日河之湄"，他一上任就沿河考察，对当地的水文地质进行细致研究。

这期间，他遇到了一个棘手的大难题。京城开封一带连年水患，有人主张挖沟排水，于是朝廷准备拨发钱粮，从颍、寿、陈三州征调18万名民工开挖八丈沟，欲将陈州之水引入颍河，再经此流入淮河。

对于是否要挖八丈沟，不同的官员看法不同。苏轼初来乍到，对此事的利与弊并不了解，缺少发言权。经过近两个月认真考察和向专家请教后，他发现这样做劳民伤财，费时无效，坚决表示反对。

于是，苏轼先后于九月、十月上奏《申省论八丈沟利害状二首》《奏论八丈沟不可开状》，详细地阐述了自己反对的理由和挖沟的弊端。奏论有理有据，京西北路转运判官朱逊之也完全同意苏轼的结论，亦向朝廷提出了《八丈沟不可开挖申省状》。最终，朝廷同意了苏轼等人的正确意见，取消了这项劳民伤财、费而不惠的糊涂工程。

苏轼上任后做的第二件大事就是治理西湖。有人也许会问：西湖不是在杭州吗？其实，我国有大大小小西湖几十处，只是最有名的数杭州西湖。

颍州西湖位于今安徽省阜阳市颍州区西9公里处，周朝时，胡国国王妫髡因为迷恋汝坟西侧的一泓碧水，于是在此地建立了御花园，命名为"西湖"。北魏时期，孝昌帝将此地设为颍州，所以得名"颍州西湖"。

1049年，欧阳修任颍州知州，想在此养老，不过只停留了短短四个月的时间就官复原职。但之后几十年过去了，还是对颍州念念不忘，所以晚年时的欧阳修以太子少师的身份归隐颍州，过起了安闲自在的日子，弹琴看书，并以"六一居士"自居。

苏轼第一次去杭州上任时，特意和弟弟来到颍州看望恩师欧阳修，并送给恩师一件珍贵的礼物——蛮布弓衣。它是西南少数民族纯手工制成的，上面还绣着欧阳修的老朋友梅圣俞写的《春雪诗》。欧阳修一见爱不释手，把它变成了心爱之琴的外套。

三人泛舟湖上，举杯共饮，论诗文、议变法、谈朝政，时而愤慨，时而欣喜，时而又伤感遗憾。分别之时，欧阳修笑着说："你去杭州可见西湖，你来颍州也见西湖，都是西湖，风光却不相同啊！"

苏轼也笑了，说："天下西湖各有千秋，唯六一居士独一无二，能与恩师相识相知，蒙您指点推举，才是子瞻最大的荣幸！"

欧阳修听后哈哈一笑："以后有机会，也来颍州为官，到时我们再共度诗酒嘉年华。"

苏轼点点头："一言为定，后会有期！"

原以为来日方长，没想到天地永隔。1072年，苏轼还没有离开杭州，恩师便在颍州驾鹤西游。苏轼闻讯后痛不欲生："恩师，您怎舍得这么早就弃子瞻而去？难道，您忘了我们当初的约定了吗？"

而今，苏轼真的来到颍州上任，可惜欧阳修已故20年了。看着恩师留下的墨宝、修筑的凉亭、坐过的长椅，苏轼泪如泉涌："恩师，子瞻来晚了！"

恩师不在，但西湖还在，苏轼看着湖水里淤泥堆积，想到自己在杭州的举措，心中暗想："我把西湖疏浚通畅，让百姓安居乐业，恩师一定会很高兴的！"于是他又向朝廷请求，奏留开挖黄河的民夫万余人，以工代赈，用来开挖颍州的清陂塘等沟渠河道，修缮输水涵闸，治理颍州西湖等水利工程。

像治理杭州西湖一样，苏轼挖出颍州西湖里的淤泥堆成长堤，并修建了三座水闸，使湖水更清澈流畅。为了让长堤更美观，又让人在两侧种上垂柳、玉兰、芙蓉等花草树木。人们徜徉堤上，一身清凉，满腹花香，眼中全是美景，心中溢满愉悦。

幸福总容易转瞬即逝，苏轼在颍州不到一年，又被派往扬州。巧的是欧阳修也曾在扬州做过太守，还因为作《朝中措》"文章太守，挥毫万字，一饮千钟"的豪迈诗句，留下"文章太守"的美名。

1092年，苏轼又追随先师的足迹来到扬州，看到恩师在墙壁题写的诗句，不禁想起许多往事，泪水再一次夺眶而出。

欧阳修的仕途也是跌宕起伏的，但他一直乐观面对，始终不忘与百姓同喜悲。苏轼也一直向恩师看齐，为官一任，造福一方，在扬州任职一年多的时间内，连点三把大火，为老百姓办了三件实事。

因为江淮之地这几年天灾不断，水旱之苦接二连三，老百姓"积欠十年，丰凶皆病"，所以苏轼点的头一把火就是解决老百姓的"积欠"问题。他在给朝廷写上任谢表时，认真提及了这种现状，请求圣上能以仁爱民，减去积欠，给老百姓喘息的机会。

《谢扬州到任表》：

> 乃眷江淮之间，久罹水旱之苦。邻封二浙，饥

疫相薰；积欠十年，丰凶皆病。臣敢不上推仁圣之意，下
尽疲驽之心，庶复流亡，少宽忧轸。

大灾之年，百姓借钱种田，但是天灾连连，收成不好，旧账难
还，第二年开春又要借新债，如此恶性循环，百姓背负的债务如滚
雪球一样越来越大。就算好不容易遇到丰收年，百姓常常卖粮的钱
不够抵债，只好再借高利贷还款。还有的年轻人在开春时借的钱不
知珍惜，四处挥霍，到了秋收时节交不上粮食，锒铛入狱。苏轼将
这些情况如实上报，朝廷答应了他的请求，扬州百姓向天子的方向
跪地磕头，心中对苏轼也增添了敬佩和感激之情。

苏轼点的第二把火，就是蠲除万花会。

所谓"万花会"并不是百花齐放的盛会，而是为扬州的特色
花——芍药做个专场展览。当地官府收集十万棵品种、颜色各不相
同的芍药，形成一片绚丽芬芳的花海，引来八方游客，规模之宏
大，可与洛阳牡丹花会相媲美。

而这个万花会的始作俑者则是蔡京。蔡京在宋哲宗元祐五年
（1090年）从京师被贬到扬州任知州时，他为了和京师的政界大佬
保持联系，于是就办了个万花会，一来借万花会的名头邀请京师百
官到扬州，以通声气，积累人脉；二来他可以把万花会作为自己的
政绩。

十万棵芍药花，要栽培，要管理，要采摘，要买卖，要运输，整个流程烦琐复杂，都需要老百姓来完成。但是呢，官府的小吏低价收购，从中渔利，所以老百姓叫苦不迭。

苏轼上任后，听到百姓们对此事怨声载道，于是下令取消万花会，不再"以乐害民"了。万花会被蠲除，喜讯传来，花农们以手加额，拍手称快，高兴地捧着最漂亮的鲜花给新太守送来。

苏轼点的第三把火，就是给船商船夫申请权利保障。

《宋史·苏轼传》记载：

（元祐）七年，徙扬州。旧发运司主东南漕法，听操舟者私载物货，征商不得留难。故操舟者辄富厚，以官舟为家，补其弊漏，且周船夫之乏，故所载率皆速达无虞。近岁一切禁而不许，故舟弊人困，多盗所载以济饥寒，公私皆病。轼请复旧，从之。

扬州乃淮左名都，水路运输关系天下，所以漕运之法是否得当至关重要。过去的发运司允许扬州的商船自由行船，载客载货。船家腰包鼓了，把官船当作自家的船帮忙修理，那些年商船贸易一直都不错，也为政府添了不少税收。可是近几年，一切私载都被明令禁止，船家赚不到钱，船夫难得温饱，很多人只好行苟且之事，水盗经常出现，不仅客船、商船遭殃，连不少官船也都难逃劫难。于是苏轼请求恢复原有制度，让私家船只可以自由贸易，因此船夫们个个拍手称快。

就在苏轼还想继续为扬州百姓做更多的实事时，元祐七年（1092年）八月，他又被调回京城了，任兵部尚书。

身世浮沉似转蓬

高太后特意把苏轼从扬州召回，是想让哲宗身边多一些良臣，少一点佞臣。因此苏轼又很快被擢升为端明殿学士、翰林侍读学士、礼部尚书——这是苏轼此生在朝廷里担任过的最高职位。

然而好景不长，高太后病重了。

毫无疑问，高太后是一位高明的政治家、合格的领袖，对宋朝有一定的贡献。但高太后一直把持朝政，让听议了多年朝政的宋哲宗非常不满，而且年幼的皇帝对父亲的变法持支持态度，高太后一上任就把新法推翻，让小皇帝也心生不满。

高太后也明白，自己这个孙子对自己是反感的。

因此，在生命垂危之际，对于一直主理朝政的吕大防、范纯仁等老臣，太后颇为担忧，私下里给他们打了预防针："你们两位老臣，对大宋和皇帝一向忠心耿耿，但一朝天子一朝臣，我的大限将至，哲宗即将临政，恐怕他日后不能再重用你们，建议你们提早告老还乡，安享晚年去吧！"二人顿时泪流满面："太皇太后一定要保重贵体，老臣愿为大宋肝脑涂地！"

宋哲宗元祐八年（1093年）六月八日，苏轼上书，欲急流勇退、离朝归老，请求知越州（今浙江绍兴）。高太后和哲宗皇帝同意苏轼离京外任，但不是去越州，而是定州（今河北定州），为国镇守北大门。

九月，高太后病崩，哲宗终于亲掌皇权。

果不其然，太后一死，哲宗就开始对旧党进行封杀，而后重新起用新党，恢复新法，章惇等人再次大摇大摆地回到京城，抱着笏板高居朝堂之上，对曾经弹劾过自己的旧党成员进行了疯狂的报复。

新一轮党派之战硝烟弥漫。

其实在高太后去世之前的一个月，苏轼的爱妻王闰之就病逝了。相比于高太后去世，自己失去靠山，妻子的病逝对苏轼打击更大。

王闰之字季璋，在家排行二十七，所以乳名为"二十七娘"，

是苏轼第一任妻子王弗的堂妹。她一直守在闺中，20多岁
还不肯出阁，或许也是对姐夫暗生情愫，期待有机会能喜结
良缘。1065年，王弗病逝，留下年仅7岁的儿子苏迈无人
照料。古人讲求亲上加亲，之后，22岁的王闰之便嫁给了
33岁的苏轼，陪他一路辗转多地。

王闰之虽不如王弗聪慧，但她勤劳能干，温良恭俭，上
得了山坡种地，下得了厨房烧鱼，还会给牲口看病，居家过
日子是一把好手。苏轼曾在诗中对好友说："腊日不归对妻
孥，名寻道人实自娱。"(《腊日游孤山访慧勤、惠思二僧》)
家有贤妻，和睦安乐，苏轼才有闲情雅致与朋友游山玩水，
做自由的闲云野鹤。是妻子给了他最有力的精神支撑，搀扶
着他从阴沟中爬起和走出，度过那些艰苦多难的岁月。

一天，小儿子苏过跑过来拉着苏轼的衣襟："父亲父亲，
陪我出去玩一会儿！"可是苏轼十分烦躁，便说："去去去，
自己玩去。别烦我！"小孩子不肯，撒着娇哭闹不停。苏轼
生气地一拍桌子："闹什么闹！"孩子吓得哇哇大哭，王闰
之一路小跑赶来，抱起儿子轻声对他说："父亲不陪你玩，
你就开始闹，你怎么这么倔？"然后她又笑着对苏轼说，
"你呀，这么大的人了，怎么比小孩子还要执拗啊？愁眉苦
脸也是一天，开开心心也是一天，为什么不让自己快乐起来

呢？"说着把一只洗干净的杯子放在桌子上，"如果你实在太烦闷，就喝一杯吧！"

苏轼听后心生愧意，想起竹林七贤中的刘伶。刘伶嗜好喝酒，而他妻子总为酒钱和他争论不休，苏轼心想，我可比刘伶幸运多了！

王闰之陪着苏轼走了25个春夏秋冬，即使在苏轼被百官攻击、银铛入狱的危险时候，也有条不紊地处理一切事情，给苏轼最温暖的精神慰藉，这种相濡以沫的爱情比虚无缥缈的山盟海誓更实在，更令人感动。王闰之离世时只有46岁，苏轼为她举办了隆重的葬礼，并许诺死后与其同葬。

元祐八年（1093年）九月，57岁的苏轼来到了河北定州。定州邻近契丹，是重要的军事阵地，但苏轼来到军营视察，脸色一下子就阴沉下来。

原来，士兵们的吃住条件极差，武器装备也很落后，士兵们一个个盔歪甲斜地站在那里，一点儿士气都没有。而当官的私自挪用军饷，又疏于管理军队，导致军心涣散，战斗力丧失，如果与契丹作战，必输无疑。

苏轼立即给朝廷写奏折说明此事，又递交了《乞降度牒修定州禁军营房状》，不久朝廷批示下来，不仅严惩了腐败分子，还改善了士兵们的生活和作战条件，大大凝聚了军心，提高了军队的战斗力。

苏轼又在各村各庄组织少壮弓箭社，把18至45岁的青壮年组织起来，"带弓而锄，佩剑而樵"。一面生产，一面备边，分番巡逻，遇有"虏情"，击鼓相召，顷刻可致千人赴前自卫。仅仅三个月，定州治下各县成立了由588个村组织的弓箭社651个，成员达31400余人，比所在地驻军总数还多6000多人。为此，苏公对助手李之仪说："如此下去，北贼必望而生畏，不敢轻举犯边……"

训练场上，银须飘摇的苏轼站在瑟瑟风中，身形虽然瘦弱但身材挺拔，满面沧桑却目光炯炯，话语掷地有声，空谷回响，久久不散。苏轼说："定州的子民们，养兵千日，用兵一时。虽然你们都只是预备军，但是只要时刻准备着，关键时刻也可以冲锋陷阵。你们不仅是定州的子民，还是大宋子民，更是最英勇的战士！"

民兵们听后热血沸腾，壮怀激烈，挥动着手中的锄头、镰刀、弓箭，或者其他农具，齐声吼道："为大宋而战，死而无憾！"

苏轼身上红色的披风随风飞舞，像一面耀眼的大旗给了士兵无尽的信心和力量，而他自己也暗暗发誓要把这支民兵培养成一把真正的利刃，所向披靡，直捣狼群！

在任上，苏轼赶上了饥荒之年，老百姓满脸菜色，食不果腹。苏轼心急如焚，恳请皇帝允许开仓放粮，并拨发米粟赈济灾民，帮助百姓们渡过难关；去水边检查河道时，发现孟良河道有许多淤泥堵塞，于是派人挖出淤泥，让河水通畅无阻，利于灌溉农田；看到曲阳县的北岳庙因年久失修而日渐衰败时，找人对其重修和粉刷，使其焕然一新；发现城北的一大片土地适合种水稻，于是引进优良稻种，找有经验的老农教大家种植，到了秋天，"稻花香里说丰年，听取蛙声一片"，老百姓的脸上也都乐开了花。

苏轼不仅注重军事，体恤民情，还促进了当地的饮食文化和民间艺术的发展。

苏轼喜欢饮酒，自然对酿酒工艺产生浓厚的兴趣。在任期间，他亲自夜乘小船横渡衡水和漳水，采集松枝烧取松脂用来酿酒。因为中山国曾在定州定都，所以苏轼就将此酒取名为"中山松醪酒"，并作《中山松醪赋》转发"朋友圈"，为酒宣传。

苏轼不仅喜欢饮酒，还喜欢听曲。当地的民间小调别有地域风情，苏轼一听就迷恋上了。他在农田考察时，看到老百姓面朝黄土背朝天地插秧十分辛苦，于是就即兴编写一些歌谣，农民们边干活边唱歌，手脚轻快了不少，心情也愉悦了很多。大家为了纪念苏轼，就把他教的这类小调叫作"苏秧歌"。后来，这种秧歌不断地发展和演变，又配上了戏本和锣鼓等乐器，从田间地头搬上农村舞台，化身为现在的定州秧歌戏，2006年入选我国第一批国家级非遗代表性项目的名单。

天下不敢小惠州

宋哲宗亲政后，重用新党，苏轼兄弟的倒霉日子又开始了。苏辙因上书反对恢复新法而一贬再贬，从汝州到筠州，再到雷州。而苏轼更惨，被贬到惠州（今广东惠州）做宁远军节度副使，俸禄微薄，还不能签署公事，又回到了和黄州一样的罪官模式。

这一切，都要拜苏轼曾经的好友章惇所赐！

章惇，字子厚，建州浦城（今福建南平市）人，比苏轼大两岁。1057年，苏轼和章惇同榜高中进士，相互投缘，结为好友。论文采，章惇比苏轼略逊一筹；可是论谋略和胆识，章惇却胜过苏轼几分。早些年二人各自为官，各有政绩，书信往来不断，友情与日俱增。

王安石推行新法后，二人站到了不同的阵营：章惇支持变法，成为新党的主力干将；苏轼站在司马光这一队，强烈反对变法。但此刻即使立场不同，也并不影响私下的交情，乌台诗案时有许多人想置苏轼于死地，章惇冒着被同党排斥的危险在朝堂上为苏轼据理力争，可见他的勇敢和仗义。

苏轼被贬黄州后，很多人选择避嫌，而章惇却给苏轼写了许多书信，还寄来药品和钱粮，苏轼非常感动："世态炎凉，唯有子厚常常对我雪中送炭，这才是患难见真情啊！"

然而在神宗驾崩，高太后执政，新党人的噩梦开始时，一直看不惯新党做法的苏辙把罪过都怪到了章惇身上，苏辙向皇帝写了一篇《乞罢章惇知枢密院状》，提议罢免章惇的职位。没有任何证据表明苏轼也参与了这场讨伐章惇的运动，但苏家兄弟感情深厚，所以实在让人难以相信苏轼不知内情。

章惇在家怎么想都觉得苏轼参与了这件事，心里这个憋屈冒火啊："苏轼啊苏轼，枉我当年冒险为你求情，没想到你弟弟恩将仇报，你也袖手旁观。哼，算你狠！咱们走着瞧！"

苏轼兄弟的"两肋插刀"让章惇腹背受敌，旧党的强烈攻击让章惇先后被贬到了汝州和杭州，再加上父亲病逝，章惇陷入人生的至暗时刻。他咬着牙根暗暗发誓："等我章惇东山再起，定让你们生不如死！"

关于苏轼和章惇的反目，历来猜测举证颇多，但历史尘埃早已隐去，事实的真相如何，可能谁也无法知道。

今人在这个问题上抨击苏轼，主要是觉得苏轼没有报恩。然而我们试着对比章惇对苏轼的恩情、苏轼对章惇的薄情，再说明章惇此时的处境。对比是：苏轼入狱，差点被杀，章惇出言相救；章惇被赶出朝，苏轼一言不发。处境是：旧党充斥朝廷，章惇被外派的地方是汝州、杭州，最差的时候也是在杭州洞霄宫领个闲职，他自嘲："洞霄宫里一闲人，东府西枢老旧臣。"（《谢刘子先赠酒》）

不难看出，章惇为苏轼仗义执言的时候，是苏轼生死攸关之时，而章惇被外派时，基本可以说是在江南半退休了，可谓无忧无虑。那么，此时的苏轼需要站出来为章惇仗义执言什么？让他回到朝廷吗？旧党充斥朝廷，作为新党的代表之一，章惇能安稳地在朝吗？从这些已知的资料可知，笔者深以为苏轼的不言是正确的，或者说言了也无用。

但这到底是笔者的猜测，真相是什么，还是那句话：没人知道。

不过我们已知的是，当风水轮流转，高太后去世哲宗亲政，章惇卷土重来回到朝中时，他开启了疯狂的报复计划。章惇不仅对旧党严酷打压，还请求把司马光从坟里刨出来鞭尸——幸好挖坟掘墓这样卑鄙残忍的事情哲宗没同意。苏轼兄弟也被贬岭南。

在宋朝时，惠州是罪官的噩梦，那里不仅环境恶劣，贫穷落后，还瘴气弥漫，很多被贬此地的官员都身染重疾，有去无回。

绍圣元年（1094年）十月二日，58岁的苏轼来到惠州的渡口，还未上岸就看到当地的百姓在岸边等候了。他们早已准备好酒肉菜肴，热情地为苏轼接风洗尘。如此场景出乎苏轼意料，他原以为自己是一脚陷进了地狱，没想到是跨入了"家门"。百姓们的热情驱散了他心中一直笼罩着的阴云，高兴地提笔写道："仿佛曾游岂梦中，欣然鸡犬识新丰。吏民惊怪坐何事，父老相携迎此翁。"《十月二日初到惠州》

众所周知，苏轼特别喜欢水，无论到哪儿都是先到水边走走，检查一下当地的水利工程，惠州也不例外。他看到丰湖淤泥堆积，于是向太守詹范建议修两桥一堤，詹太守素闻杭州西湖和苏堤的美名，欣然同意。因为资金紧张，太守带着大家集资，苏轼积蓄不多，就把皇帝赏赐的金腰带捐了出来，又写信向弟媳求助，史氏大方地捐了许多黄金。太守还让他亲自监管工程，苏轼每天乐此不疲。

绍圣三年（1096年）六月，长堤和东西两座新桥建成，这项耗时八个月的大工程终于竣工，百姓们高兴地摆酒杀鸡，欢歌庆贺。苏轼也在《东新桥》中描绘了当时热闹的场景："父老喜云集，箪壶无空携。三日饮不散，杀尽西村鸡。"

苏轼平时在诗中总会提及西湖，一次笔误把丰湖错写成西湖，后来索性将错就错，把"丰湖"改名为"西湖"，从此惠州西湖名扬天下，与杭州西湖、颖州西湖、扬州瘦西湖并称为"四大西湖"。南宋大诗人杨万里将苏轼封为"西湖长"，可谓实至名归。

苏轼还是个热心肠的人，听说广州的百姓和杭州百姓一样遇到吃水难的问题，就向广州太守王敬仲写信，提出了"竹筒引泉"的好建议，这样百姓们就可以一直喝到甜美干净的山泉水了。他看到农民们终日劳作，十分辛苦，就向他们推荐用"秧马""水碓水磨"等工具，让农民们干起活来省时又省力。

总的来说，苏轼在惠州的生活是平静而安适的，惠州太守与邻近的循州太守都对他体贴照顾，一些简单的生活乐趣也能让他摆脱流放的孤寂。

初到惠州，居无定所，太守方南圭把苏轼及其家人安排在合江楼，那可是三司行馆，苏轼曾写《寓居合江楼》一诗，描述在合江楼观海看山、赏景品物的开心。后来，他在白鹤峰买了一小块土地，建了几间小屋，算是正式住下来，取孔子"德不孤，必有邻"的意思，将正厅名为"德有邻堂"。

在惠州的第二年初夏，苏轼才第一次吃到荔枝，尝了一口他就感叹世间竟然有如此美味的食物，不知还有什么可以媲美，写下

"日啖荔枝三百颗，不辞长作岭南人"的名句。

苏轼不仅爱吃荔枝，也爱吃肉，他把别人不要的羊脊骨用酒腌后在小火上慢烤，烤到外皮发焦时，就用竹签一点点剔骨头上的肉吃，虽然肉不多，但能品出螃蟹的味道。他写信将这个好消息告诉给弟弟苏辙，还半开玩笑地说："你吃了三年的公款大餐，肉多得一口下去都咬不到骨头，怎么能体会到吃羊蝎子的快乐？但如果你这样试了，那狗一定会不乐意的！"

如果说苏轼在惠州平静而小满的贬官生活有什么苦难的话，那绝对是侍妾朝云的去世了。1096年夏天，朝云病逝，给予苏轼致命打击。

虽然从身份来说王朝云只是个侍妾，微不足道，但她陪伴苏轼的时间最长，是苏轼一生最重要的红颜知己。惠州的瘴气太浓，环境太苦，加之朝云身体本来不好，失去爱子后心情又郁郁寡欢，终日与青灯黄卷做伴，终于身染重病，34岁便化作一阵香风而去。

在众人眼里，苏轼满腹经纶，而在朝云眼中，苏轼一肚子不合时宜。她从12岁就跟在苏轼身边，不求名分，不畏艰辛，整整22年风雨同舟，不离不弃。苏轼后来也娶了几个小妾，但只把朝云带到了惠州，可见对她的喜爱与依恋。

朝云走后，苏轼写了许多怀念的诗文，《雨中花慢》《西江月·梅花》《悼朝云》等，字字都是怀念，句句写满哀怨。

《悼朝云》：

> 苗而不秀岂其天，不使童乌与我玄。
>
> 驻景恨无千岁药，赠行惟有小乘禅。
>
> 伤心一念偿前债，弹指三生断后缘。
>
> 归卧竹根无远近，夜灯勤礼塔中仙。

斯人已去，存者偷生，苏轼将朝云葬在了惠州西湖附近，栖禅寺松林的东南方，还为其建了一座"六如亭"，让她可以眺望西湖水，聆听暮鼓钟，如风如云，与天地合一，从此无忧无虑。

朝云的猝然离世让苏轼悲痛欲绝，还有一件事也完全出乎他的意料：他与一个几十年不相来往的"仇人"冰释前嫌，这个人就是他的姐夫——程之才。

程之才是苏轼母亲程氏的侄儿，当美丽聪慧的苏家八娘16岁嫁给程之才后，他既是苏轼的表兄，也是姐夫了。不过两年后，苏家八娘被婆家虐待而亡，气得苏轼一家和程家从此断了往来。后来程之才和苏轼同朝为官，也形同陌路。王安石推行变法后，程之才特意编过许多苏轼的黑材料。

章惇素知二人不和，所以在苏轼被贬惠州时故意让程之才去做广南东路提刑，让他有机会"公报私仇"。万万没想到程之才竟然有心借此机会化解两家数十年的心结，并没有对苏轼下黑手，反而与其携手同行，游山玩水，比过去还要亲百倍，彻底粉碎了章惇的阴谋诡计。

苏轼与程之才之所以冰释前嫌、再拾亲情，大概是彼此年纪已大，在经历了种种生死磨难后，往日怨仇淡去。也或许是经历物是人非、彼此熟悉的人相继离去后，感觉亲人不多了，亲情之思日增。尤其是他们之间有一个重要的共同的亲人——程夫人。

总之，烤羊排、吃荔枝、喝小酒、游西湖，苏轼在惠州过得不亦乐乎，看似度劫，实则享福。

惠州让晚年的苏轼享受片刻小憩，从容、安适，苏轼让惠州这个不起眼的岭南小城变得越来越清秀与发达，以至于清代诗人江逢辰诗云："一自坡公谪南海，天下不敢小惠州！"

苏轼在岭南的快乐让新党人很不爽，所以三年后他又被贬到了条件更恶劣的海南儋州。他不想再失去其他亲人，于是决定此行只带三子苏过一人前往，家人听后，一个个哭得像泪人一样。他在《到昌化军谢表》中说："臣孤老无托，瘴疠交攻。子孙恸哭于江边，已为死别；魑魅逢迎于海上，宁许生还。"

绍圣四年（1097年）七月二日，苏轼与苏过踏上了儋州的渡口。他原以为这里的条件差不多和黄州或惠州一样穷苦罢了，没想到竟恶劣千百倍。在写给朋友程秀才的信中，他诉苦道："此间食无肉，病无药，居无室，出无友，冬无炭，夏无寒泉。然亦未易悉数，大率皆无耳。"要啥没啥，苏轼这才终于明白为什么贬官到此有去无回。于是他给朋友王敏仲写信说："今到海南，首当做棺，次便做墓，乃留手疏与诸子，死则葬于海外。"已做好回不去的打算。

但儋州的地方官、昌化军军使张中对苏轼十分照顾，派了兵役修理官家的驿站，解决苏轼的居住问题。不过，重新掌权的新党吕升卿一心想置苏轼兄弟于死地，在绍圣五年（1098年）三月派了董必察访两广，打击苏轼及其同遭放逐的亲友，并且肃清当地照顾他们的地方官。

施宿《东坡先生年谱》记载：

> 初，朝廷遣吕升卿、董必察访广东、西，谋尽杀元祐党人。曾布争于上，以升卿与二苏有切骨之怨，不可遣，乃罢。升卿犹遣必使广西。时先生在儋，僦官舍数椽以居止，必遣人逐出。

不得已，苏轼在城南的桃榔林建屋子五间，建造期间，百姓纷纷相助。

虽然桃榔林里虫蚁密集，荒草丛生，潮湿闷热，但总算有一个安身之所，苏轼将此屋取名"桃榔庵"。

苏轼又雇人在附近空地开垦出一片菜园，种了些青菜，菜园西边挖粪坑用来积肥，东边挖水池用来浇地。父子二人相扶相依的身影，终日忙碌在田间。

唐朝的刘禹锡，本是朝廷的重要官员，因永贞革新失败被贬安徽和州当通判。和州知县认为他是贬官，故意刁难，先安排刘禹锡在城南面江而居。刘禹锡不但无怨言，反而很高兴，写下对联："面对大江观白帆，身在和州思争辩。"知县知道后很生气，便把刘禹锡从县城南门迁到北门，房子面积减少到一间半。但看见屋子周围垂柳依依，环境还不错，刘禹锡仍不计较，又写了对联："垂柳青青江水边，人在历阳心在京。"于是县令再次让刘禹锡搬家，这次是县城中部，而且只给一间只能容一床、一桌、一椅的小屋。刘禹锡依然豁达乐观，写出了名震天下的《陋室铭》。

苏轼效仿刘禹锡写了一个《桄榔庵铭》，以明心志。没有纸张，他就在硕大的桄榔叶上写字。

苏轼的适应能力很强，很快就把自己变成了海南人，融入当地的生活。时光荏苒，转眼又到新年，这是他来儋州度过的第二个春节，写下一首《减字木兰花·立春》。

春牛春杖。无限春风来海上。便丐春工。染得桃红似肉红。

春幡春胜。一阵春风吹酒醒。不似天涯。卷起杨花似雪花。

连用七个"春"字，苏轼描绘出春天里人们劳动时的忙碌和热闹的场景，生机、希望和浓浓的春意扑面而来。

海南远离内陆，物资匮乏，交通不便。当地百姓以狩猎、捕鱼为主，大片大片的土地没有被开垦，荒草丛生，成为野兽、虫蚁的乐土。苏轼劝说村民尝试农耕，鼓励他们开荒种地，教他们使用和改进农具，改变"不麦不稷""朝射夜逐"的生活方式。看着一片片金色的稻浪滚滚，百姓们喜迎丰收的笑脸如葵，苏轼的脸上也闪烁着喜悦的光芒。

儋州疟疾肆意泛滥，不少人染疾而死。而当地的医疗水平落后，百姓缺医少药，只能求神拜佛，甚至迷信巫术。为了帮助百姓，苏轼亲自上山采集草药，并托人向广州太守王敏仲要来黑豆，将其磨成粉，制成淡豆豉，药补和食用同时进行，对治疗疟疾十分有效。

苏轼又看当地百姓吃水不易，于是带着大家一起打井，百姓喝上干净的井水后，少生了不少疾病。百姓感激苏轼，将此井取名"东坡井"。

海南的文化发展相对滞后，在苏轼到来之前这里连一个举人都没有。苏轼在朋友黎子云的帮助下兴办了私人学堂，既讲学，又用于文友聚会。引用汉代扬雄"载酒问字"的典故，苏轼给小屋起"载酒堂"的雅号。从此，儋州的风中也夹杂着"书声琅琅，弦歌四起"，不少人不远千里慕名而来，越来越浓的文化气息在儋州的天地四散弥漫。

姜唐佐是苏轼最得意的一个学生，高中概率最大，于是苏轼在扇子上题了两句诗鼓励："沧海何曾断地脉，白袍端合破天荒。"并约定如果他日高中，必为其续诗。功夫不负有心人，姜唐佐发奋读书，三年后一举成名，成为海南的第一位举人。喜讯传来，整个海南岛都欢腾起来。

然而不幸的是，此时的苏轼已经离开儋州，客死他乡，再也不能为爱徒续诗。姜唐佐于是带着恩师的墨宝找到苏辙，讲了当年师生之间的约定。苏辙十分感动，替苏轼续写了诗文。

《补子瞻赠姜唐佐秀才》：

生长茅间有异芳，风流稷下古诸姜。

适从琼管鱼龙窟，秀出羊城翰墨场。

沧海何曾断地脉，白袍端合破天荒。

锦衣他日千人看，始信东坡眼目长。

从此，海南人才不断涌出，到清朝科举废除为止，800多年间一共考中了767名举人，97名进士。清代学者戴肇辰在撰《琼台纪事录》中对苏轼称颂道："宋苏文忠公之谪居儋耳，讲学明道，教化日兴。琼州人文之盛，实自公启之。"

人在江湖，漂若浮萍，往往身不由己。但心若静了，处处皆风景；心若安了，处处皆家园。

陶渊明《形影神三首》诗云："纵浪大化中，不喜亦不惧。应尽便须尽，无复独多虑。"在儋州的苏轼面对风吹浪打，以不变应万变，宠辱皆忘，心与天地同宽，陆续写完了《东坡易传》《东坡书传》《论语说》三部书籍。这三部著作是对儒家经典《周易》《尚书》和《论语》的注解与疏证，在解经风格上，既受道家的影响，又能较好地切合现实。同时，苏轼还写了大量的诗文，其中包括大量的和陶诗。

生活上，肉在海南很稀缺，苏轼就地取材，发明新的美味。

他将小生蚝洗净用水煮，加一点点酒，味道就很不错；大生蚝则放在火上烤，反倒比煮食更加鲜美。除此以外，螃蟹、海螺、八爪鱼等海物，苏轼百吃不厌。他曾半开玩笑地告诫儿子说："千万不要告诉外人，我怕北方的君子听到，都会跑到儋州来抢我的生蚝吃。"

儋州的条件虽然恶劣，但苏轼并不孤单寂寞，反而找到了一种归属感，把它当作自己的第二故乡。他在诗中说："天其以我为箕子，要使此意留要荒。他年谁作舆地志，海南万里真吾乡！"

就在苏轼做好葬于斯的准备时，命运的罗盘又转动了。1100年，哲宗去世了。

宋哲宗年仅23岁去世，没有留下子嗣，所以此时的宋朝需要一位强有力的人物出来主持局面，任务落在了神宗的皇后——向太后肩上。向太后接手国家大事后，所有旧党老臣一律赦罪，被贬的或蒙赦罪或予升迁，或得到完全行动的自由。这期间，她还力排宰相章惇的意见，拥立端王赵佶为帝，是为宋徽宗。不过，她在次年正月去世了。

64岁的苏轼和儋州父老洒泪而别，再次踏上了内陆的土地。

起初，苏东坡接到内迁廉州（广西合浦）的诏书。渡海到廉州后一个月，他又接到诏命去永州。去永州途中，他又接到可以随意居住的诏命，于是便艰难跋涉去江苏常州。

《提举成都玉局观谢表》：

> 臣先自昌化军贬所奉敕移廉州安置，又自廉州奉敕授臣舒州团练副使永州居住。今行至英州，又奉敕授臣朝奉郎提举成都府玉局观在外州军任便居住者。七年远谪，不自意全；万里生还，适有天幸。

中途，由于南方暑气如炭火烧身，苏轼不幸染上了痢疾。自以为精通医术的他，自病自诊，不以为意；病情加剧也不问郎中，照方抓药，反而加速病情恶化。

回到常州后，不到一个月光景，苏轼便只能卧床生活了，同时预感大去之期已不远。

好友钱世雄来看望他，苏轼将自己最后写的《东坡易传》《东坡书传》《论语说》三部书稿交给好友收藏保管，并叮嘱道："不要让他人看到，30 年以后才会更受人重视。"他又向儿子交代了后事："我死后，将我的尸骸和闰之合葬在子由家附近的嵩山脚下，让子由为我写墓志铭。"苏过等人含泪答应，苏轼却笑着劝慰："吾儿不必过于悲伤，我平生未尝为恶，自信不会进地狱！"

徽宗建中靖国元年（1101 年）七月，苏轼在杭州时的老友维琳禅师前来探望他。维琳一直和他谈论生死问题，劝他多念几首偈语。苏轼笑了笑，说他曾读过《高僧传》，知道他们都已死了。

七月二十八日，苏轼明显不行了，家人在他鼻尖上放一块棉花，看是否还有呼吸。维琳禅师附耳说："你不要忘记西方啊。"苏轼说："西方世界不是没有，却是不能使力的。"好友钱济明凑近他的耳朵说："先生一生都在践行于此，此时更应该使力。"

苏轼苦笑一下，轻轻地说了人生中的最后四个字："着力即差！"而后随风而去，享年64岁。

北宋最闪亮的一颗星陨落了。

有的人活着，他已经死了；有的人死了，他还活着。

苏轼一生宦海沉浮，进亦忧，退亦忧，他的陨落，是北宋君民的损失。但东坡先生又化作另一座高大的丰碑，高高耸立在华夏的史册上，烙印在百姓的心田中，与天地同在，与日月同辉！